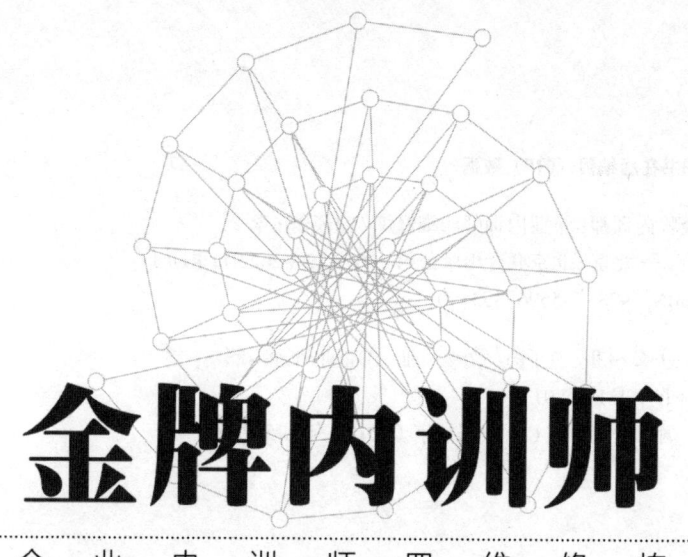

# 金牌内训师

企业内训师四维修炼

白瑛◎著　李蔚然◎绘

北京联合出版公司
Beijing United Publishing Co.,Ltd.

图书在版编目（CIP）数据

金牌内训师：企业内训师四维修炼 / 白瑛著；李蔚然绘 . — 北京：北京联合出版公司，2019.12（2022.11重印）
　　ISBN 978-7-5596-3531-0

Ⅰ . ①金… Ⅱ . ①白… ②李… Ⅲ . ①企业管理—职工培训 Ⅳ . ① F272.91
　　中国版本图书馆 CIP 数据核字（2019）第 175696 号

## 金牌内训师：企业内训师四维修炼

作　　者：白　瑛
出 品 人：赵红仕
选题策划：北京时代光华图书有限公司
责任编辑：龚　将　夏应鹏
特约编辑：李淼淼
封面设计：李尘工作室
版式设计：书妆文化

北京联合出版公司出版
（北京市西城区德外大街83号楼9层　100088）
北京时代光华图书有限公司发行
北京雁林吉兆印刷有限公司印刷　新华书店经销
字数177千字　　787毫米 ×1092毫米　　1/16　　14.25印张
2019年12月第1版　2022年11月第4次印刷
ISBN 978-7-5596-3531-0
定价：58.00元

**版权所有，侵权必究**
未经许可，不得以任何方式复制或抄袭本书部分或全部内容
本书若有质量问题，请与本社图书销售中心联系调换。电话：010-82894445

# 推荐序一

## 一、培训是科学，授课是艺术

我从事培训近30年，一直强调——"培训是科学，授课是艺术"。培训既是一门科学，也是一门学科。培训依托于教育心理学、成人教育学、学习论、教学论、信息论、传播学、多媒体理论、组织发展、组织行为学、组织心理学、系统思考等方面的知识，借用了教育领域的大量专业理论。

既然培训是科学和专业的学科，那么授课就是将非常重要的信息传授给受众（学员）的演绎过程。这个过程需要讲师不仅要紧扣教学目标和任务开展教学，也能够灵活运用多种授课技巧和节奏，让学员放松、专注和投入，以达到最好的培训效果。

## 二、几个被混淆的重要概念

这几十年来，培训领域几个非常基本的概念，也一直被混淆。下面在这里做一下简单的澄清。

### 1. 培训与教育的差异

培训与教育，这两个词经常合称为"教育培训"，好像教育与培训是一样的。实际上，教育和培训，二者有相似性，但其本质完全不一样。唯一比较明显的相同点在于，都是培养、培育人。

教育是不能够谈钱的。任何必要的教育投入，都要"闭着眼"去投入。无论是家庭还是国家，绝对不能计算、计较教育的投资回报率，因为我们投资的是人，是我们的未来。培训则大大不同。培训是在单位时间内，使成员掌握按照其岗位要求的知识和技能的过程。培训是企业实现其战略经营目标及纯利润的一种手段，是企业运营的一部分。因此企业必须把培训与金钱挂钩，让培训的投资回报最大化。

### 2. 培训与学习的差异

培训与学习也是两个非常容易被混淆的概念。

两者的区别是：培训是"要我学"，学习是"我要学"。学习的主动性更强。

两者的关系是：培训是多种辅助学习方法当中的一种。

### 3. 培训与人力资源的差异

培训经常被看作人力资源的六大模块之一。其实，培训与人力资源管理是两个完全不同的、相互平行的领域。两者的区别请见表1。

表1 培训与人力资源是两个完全不同的领域

|  | 人力资源发展（俗称：培训） | 人力资源管理（俗称：HR） |
| --- | --- | --- |
| 英文名称 | Human Resources Development (HRD) | Human Resources Management (HRM) |
| 美国高校从属 | 教育学院 | 管理学院、商学院、经济学院 |

(续表)

| | 人力资源发展（俗称：培训） | 人力资源管理（俗称：HR） |
|---|---|---|
| 专业理论 | 教育心理学、成人教育学、学习论、教学论、信息论、传播学、多媒体理论，组织发展、组织行为学、组织心理学、系统思考等 | 人力资源管理等 |
| 典型工作领域 | 培训、学习（能力发展） | 招聘、绩效、薪酬等 |
| 企业最高职务 | 首席学习官（CLO） | 首席人才官（CHRO或CHO） |
| 典型职位 | 培训、课程体系、组织发展经理，课程设计师、电子化学习架构师、多媒体设计师等 | 招聘、薪酬、绩效经理总监等（只列出行政职位） |

## 三、中国培训领域的现状及出路

培训的价值问题，是一个多年来一直没有解决的问题。培训到底有没有价值？这句话几乎成了"天问"，因为没有人能回答。大家在意愿上都说"有"，而且根据事实，有时候也确实能看出来，大多时候企业高管、老板们也承认有，但就是无论怎样，谁也计算不出来。

为了"证明""呈现"或"彰显"培训的价值，很多从业者想尽了办法，试图依靠某些培训评估模型来验证培训所产生的效果，但依然无解。究其原因，是我们从来没能"跳出培训搞培训"。

既然找不到培训的价值，从业者之间也就彼此互相照顾。大家都好面子，因此彼此心照不宣，你好我好，从来不去为专业的对错争个面红耳赤，而是努力互相攀比——看谁能拿到客户的预算，跟客户签单，挣到钱。由于绝大多数从业机构将财务成功作为最高标准，因此培训领域供给侧的价值观就出现了巨大的问题。就是说，哪怕我用其他非专业的方法，只要得到了客户认可和签单、回款，我就是成功的。

这种错误认知的产生，滋养了一大批投机取巧的供应商，让中国的培训领域出现了鱼龙混杂、良莠不齐的情况。现在大家认为培训从业门槛很低。许多培训机构根本不具备从业资质，很多毫无培训资质的人经过包装，成为"××大师"行骗天下，这样的情况虽已经为社会所共知，但长此以往，也使社会各个方面把培训定义为"成功学"，将其与行骗、传销等画上等号，让"培训"这两个字背上了本不应该有的坏名声。

那么，培训的出路在哪里呢？我经常说，要想搞好培训，首先要忘掉培训。前面说过，培训的价值问题，之所以得不到解决，是因为我们没有"跳出培训搞培训"，是因为我们一直站在培训的高度和层面，说培训的话，想培训的事儿，干培训的活儿，最后要的只是培训的结果，但没有把这个结果与企业战略或直接经营结果建立起量化的逻辑关系。

由于缺乏对企业整体管理的系统思考，过去我们对于培训的价值一直更多地专注在培训的专业技术上。但其实培训职能的价值与培训专业技术本身的关系不是很大，而是取决于我们对企业培训职能价值体系的设计。

培训从业者过去一直在主观地、感觉良好地认为自己很重要，企业离不开自己。这样的认知在工业时代还算站得住脚，但是随着科学的发展和科技的进步、信息时代及AI时代的来临，这样的认知就不得不发生动摇了。要想培训与企业发展同行，培训从业者必须先改变老旧的观念，接受新理念，学习新方法。可以说，培训从业者是最需要接受培训的人。

## 四、关于本书

白瑛老师多年来致力于培训的实践和探索，成就斐然。她对培训专业的追求打动了我，因此我爽快地答应为本书写序。

这本书从四个维度讲了企业培训师的自我修炼，其实也涉及了培训师培养的路径及标准。她把长期以来企业工作经验及讲课的很多知识点集结起来，跟大家分享，希望有志于从事培训工作的你能够依照这本书里提到的四个方面，不断修炼，提升自己，在成为更专业的培训从业者的道路上不断进步，为未来成为受企业信赖的管理顾问打下基础！

希望未来会有更多像白瑛老师一样的精英从业者出现。只有这样，中国的企业培训才会真正助力中国企业打造软实力，成为国家经济可持续发展的驱动力！

顾立民

国际绩效改进协会（ISPI）董事、改进咨询联合创始人

# 推荐序二

依我浅见,企业培训工作是一项聚焦组织学习与人才发展,助力公司战略变革、业务增长、文化与思想传承的长期服务工程。在培训体系中,以内部兼职讲师为绝对主体的培训师资队伍建设,是企业培训管理工作中必备的中心模块之一。

调查统计发现,在国内外优秀企业的内训实践中,他们大多拥有一支卓越的内训师队伍,并建立了完善的培养机制,70%以上的公司培训任务由内训师完成,对外部师资依赖程度很低。但对比国内企业的内训师发展现状来看,全国有健全的内训师队伍及管理体系的企业仅为19.9%。专业度缺乏、能力水平参差不齐、更替率高、激励不到位等讲师队伍建设问题,暴露无遗。《培训》杂志发布的2017—2018年《中国企业人才发展报告》中的数据还显示,企业内部兼职讲师主要有三大来源:业务部门领导、中基层业务骨干、高管层。而通用类的课程开发和讲授,基本上是人力资源/培训管理者的标配工作内容。

中国企业培训事业已有约40年的光景。尤其是2000年以后,陆续涌现了一批批优秀培训师,包括企业界的兼职讲师(可细分为内训与外聘)、市场上的职业培训师(可细分为签约讲师、自由讲师等)。熟悉培训历史的人都知道,讲师的角色发展会呈现出不同的阶段变化。比如,从讲师到培训师，再到引导师、咨询师、导师，以及转型至教练、顾问等。

比如白瑛老师，就是一位从企业走出来的资深职业培训师。基于自身16年的培训经验，白老师将内训师的成长分为好讲师、开发师、咨询师三个阶段，也是很值得借鉴的新角度。更难能可贵的是，白老师创造性地提出了企业内训师培养的"四维修炼模型"，她以培训认知为中心，分别从逻辑线、学员线、参与线、激发线入手，详细阐述了构建课程、交互设计、精彩演说、引导转化四大维度的修炼方法。全文内容富有逻辑，且非常实用，相信对从事企业培训、教学设计、课程开发等培训从业者会有莫大的思想共鸣和启迪。

对于内训师培养问题，如果说还有什么建议，我想，不管是内训师的选拔与考核、课程开发、现场演绎等专业技能培养，还是企业内训师体系搭建，若能结合以下7个问题去通读本书，或许，读者会有更多的新发现、新观点。

问题1：追本溯源。你自己是否有历史观？能否说出代表人物、事件的起源和发展史？

问题2：培训范式。企业培训所依存的场景范域、适用边界、有效影响力范围在哪里？

问题3：底层逻辑。你知道的经典的学习理论、方法、技术有哪些？学习科学与教学技术的基础理论与逻辑架构是什么？课程开发、项目设计、学习/人才/组织发展的基础依据是什么？

问题4：实战高效。企业培训界当前主流教学技术是什么？哪些实战性最强、效果最好？

问题5：课题研究。你是否有能力依据问题、行业、人群、区域的不同，甄选课题，组建研究小组攻关和创新突破。

问题6：对标反转。你是否还在一味地学习西方或对标别人，而忽视企业组织与员工个人的原创方法论和经验萃取？学习模式与教学创新无定式标准，你能否走出一条自主特色的创新之路？

问题7：可持续性。你自己是否愿意在当下的行业或专业领域继续深耕？能否耐得住寂寞，经得起诱惑？

顾邦友

新华报业传媒集团《培训》杂志副主编

# 前 言

越来越多的企业开始注重内部知识传播与文化传承,于是选拔内部专家、精英作为内训师,他们是企业的中流砥柱,决定了企业的知识底蕴和人才的积累速度。

而内训师这个角色也使得他们的综合素质越来越好,不论是专业知识的广度与深度,还是自信的表达与台风。讲台拓宽了他们的职业发展通道,他们的职业安全感因个人能力的提升而提高。

但随着时间的推移,一些内训师开始发现,如果想要更好地完成授课,需要提升的方面有很多,可是又不知从何下手。我自己也是从企业内训师成长起来的,在企业工作的10年时间里,从事了9年的内训工作。虽然企业每年都会组织内训师的专项提升培训,可不同的课程有不同的侧重点,我一直处于见树不见林的状态。后来出于对培训的热爱,我离开企业,成为一名职业培训师,主要为客户提供内训效能提升方面的咨询与培训。从企业内训师到职业培训师的跨越,让我对内训师有了更深层次的理解,我深深体会到内训师的作用、对授课技能的要求均与职业培训师迥然不同,传统意义上基于授课技巧层面的TTT课程并不能完全解决企业内训师授课的实际需求。

基于16年的培训经验,我将内训师的成长分为三个阶段。

第一阶段：成为"好讲师"。这个阶段注重提升内训师"讲好课"的能力，即选择"有用"的课题，借助"有趣"的授课技巧，"有效"传递课程内容，最终达到培训目标。此阶段往往聚焦于"授课现场"。

第二阶段：成为"开发师"。这个阶段注重提升内训师"开发课"的能力，即通过选题分析、自我经验提炼、课程内容整理及授课形式选择、评估工具制作，为企业留存有价值的知识资产。此阶段往往聚焦于"课程开发"。

第三阶段：成为"咨询师"。这个阶段注重提升内训师"咨询顾问"的能力，即通过对企业问题进行诊断，选择学习切入点，融入新学习技巧、方法，更灵活地为企业提供学习解决方案，并能够跟进学习内容的转化情况，促进学习结果达成。此阶段聚焦于"诊断设计"。

企业内训师在第一阶段需要更系统地了解：

- 企业培训的本质目的（如何为企业带来更有价值的课程）。
- 自我成长的路径方法（如何有效地提升自己的专业素养）。
- 成人学习的特点应用（如何为学员带来更有吸引力、更有效果的课程）。
- 逻辑清晰的组织教材（如何整理培训教材，帮助学员更易学习）。
- 激发兴趣的交互技巧（无段子、不游戏的情况下如何让课堂气氛活跃起来）。

本书的核心逻辑可称为四维修炼模型，如图1所示。

基于中心位置的是培训认知：要想做好企业培训，必须了解企业为什么要做培训，以及对企业来讲什么是好的培训。此章解决的核心问题是，如何提供"有用"的培训？不了解培训本质，不可能带来正确的行为与有效的结果。

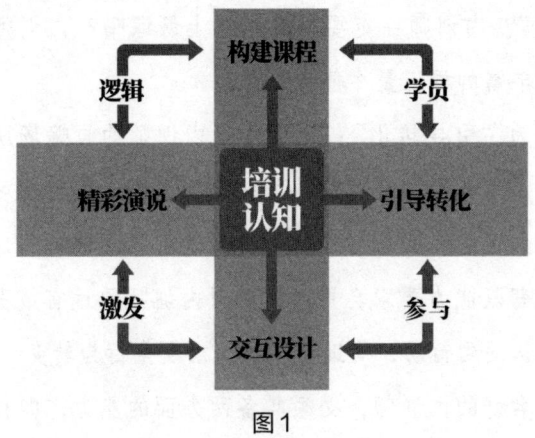

图1

一维修炼为"构建课程":对于"讲好课"阶段的内训师,并不要求其有课程内容开发的能力。此章解决的核心问题是,能够建立或梳理清晰的内容逻辑,就是在了解课件基本要素的基础上,进行结构化拼课、逻辑化表达。因为内训师如果逻辑混乱,是不可能传递逻辑清晰的课程的,更不可能让学员条理分明地接受。

二维修炼为"交互设计":强调以学员为中心,通过对学习过程中表现手段的设计,引发学员参与,提高学习效果。此章解决的核心问题是,设计更多能够吸引学员主动参与学习的技巧。之所以不用"互动"一词,是因为到现在还有很多人认为"互动"就是培训现场的"开心、热闹",并不了解其本质应与教育方法相关。

要打造一门好课程,至少应该经过两个步骤,即构建课程和交互设计。

三维修炼为"精彩演说":不少内训师讲课还停留在"宣贯"的层面,完全不知如何言之有物、言之有理、言之有情、言之有力。此章解决的核心问题是,从亲和力与说服力两方面,塑造内训师的个人影响力,让其有效进行课程内容传递。本章可以解决内训师的困惑：为什么"外来的和尚好念经"？内训师一定要幽默才能上好课吗？内训师是不是都要才高八斗，有丰富的词汇量才能上好课？

四维修炼为"引导转化"：课堂不是内训师的自嗨场所，学员接受程度与培训效果正相关。此章解决的核心问题是，通过学习教练技术中的提问、倾听、区分和回应四大技巧，展开引导式培训。这个层面对内训师的应变及驾驭能力要求会更高，希望内训师通过有效引导，让学员由内而外地从认同到行动，有助于学员课后发生行为转变。

要成为一名好的内训师，必须具备两方面的能力，即精彩演说和引导转化能力。

不同的维度连接，又会产生不同的共性核心，比如，构建课程与精彩演说都要基于逻辑清晰的基础，就像好编剧对剧情的设计——围绕主线，没有冗余，节奏恰当，重点突出；构建课程与引导转化都要基于对学员的了解，就像写情书要有对象，才能写得有针对性，能动情；引导转化与交互设计的本质都是要引发学员的参与，变换教学手段，"折腾"学员专注于学、思、做；交互设计与精彩演说都是要激发学员的学习热情，实现从想学到能学、从能学到学会的跨越。

这就是本书的定位与底层逻辑。因个人能力有限，本书虽结合了一些培训经典理论，但融入更多的是个人的经验之谈，难免有偏颇之处，欢迎大家多多交流、探讨。最后，希望能与大家共同成长，在未来的企业内训工作中，快速梳理培训思路，应用有效培训方法，为企业输出更多有用的培训课程，助力企业发展。

# 目 录

## 第一章 培训认知：路选对了，就不怕远

一、把培训做成"锦上添花"是无能的表现 ...................... 4

 （一）企业培训常见的四大误区 ............................ 4

 （二）培训是把钥匙，但不是万能钥匙 ...................... 8

 （三）缺乏转化是培训无效的根源 .......................... 12

 （四）培训是过程，而非事件 .............................. 16

二、打破"外来的和尚好念经"的魔咒 .......................... 19

 （一）内训师的选拔 ...................................... 19

 （二）基于ADDIE的内训师成长模型 ........................ 24

 （三）内训师的自我修炼 .................................. 26

## 第二章 构建课程：言之有物，言之有序

一、好课程的三个标准 ........................................ 39

 （一）有用之魂：课程存在的价值 .......................... 40

（二）有效之骨：课程逻辑的搭建..................43

（三）有趣之肉：课程形式的匹配..................46

二、快速构建课程框架的四个步骤..................48

（一）步骤一：明确课程开发主题..................49

（二）步骤二：罗列相关信息..................50

（三）步骤三：分类、筛选，搭建框架..................51

（四）步骤四：精练框架易记忆..................53

三、检查课程框架逻辑问题的四个原则..................54

（一）原则一：结论先行..................54

（二）原则二：上下对应..................55

（三）原则三：逻辑递进..................55

（四）原则四：归类分组..................56

四、三大课程类别要求内训师具备三种角色能力..................63

（一）知识类课程：演讲者角色..................64

（二）态度类课程：引导者角色..................65

（三）技能类课程：辅导者角色..................67

# 第三章 交互设计：激活课堂，过程愉悦

一、你真的理解什么是互动吗..................77

（一）基于刻意练习的交互设计模型..................78

（二）了解成人学习的九大特点..................79

## 二、让学员愿意听的开场设计,好的开始就是成功的一半 ... 82
### (一) 开场需解决的四个问题 ... 83
### (二) PIP 开场方法 ... 87
### (三) 需避免的问题开场 ... 88

## 三、让学员听得懂的内容设计,大师讲课要深入浅出 ... 89
### (一) 类比:用学员已知代入未知 ... 90
### (二) 对比:没有对比就没有伤害 ... 91
### (三) 数据:要学员有感知的数字 ... 92
### (四) 图例:文不如表,表不如图 ... 93
### (五) 事例:打动人心的永远是故事 ... 95

## 四、让学员参与思的活动设计,使学员不得不思考 ... 96
### (一) 案例分析:前车之鉴,后事之师 ... 96
### (二) 小组讨论:群策群力,多角思考 ... 101
### (三) 游戏设计:寓教于乐,重在体验 ... 103

## 五、让学员学会用的练习设计,建立知与行之间的桥梁 ... 106
### (一) 实操演练:适合人机互动类内容,多针对物 ... 107
### (二) 情景模拟:适合思考决策类内容,多针对事 ... 109
### (三) 角色扮演:适合人人互动类内容,多针对人 ... 111

## 六、让学员愿意做的结束设计,画龙点睛,意犹未尽 ... 114
### (一) 结束需解决的三个问题 ... 114
### (二) 结束设计要避免的三个问题 ... 118

七、用思维导图进行全流程备课，让思路清晰 ................................ 119

 （一）按照时间逻辑把整个授课思路串一遍 ................................ 122

 （二）对授课形式设计进行再次梳理 ................................ 122

 （三）规划课程进度，把握授课节奏 ................................ 122

## 第四章　精彩演说：理性话题，感性演绎

一、建立亲和力，学员认可你，才会认可你的内容 ................................ 130

 （一）态度决定一切 ................................ 130

 （二）不要因"嗓子"拖累了梦想 ................................ 136

 （三）既然为人师表，就要有师者风范 ................................ 142

二、锻炼说服力，说了什么不重要，对方认同才重要 ................ 146

 （一）一级挑战：让学员知晓 ................................ 147

 （二）二级挑战：让学员理解 ................................ 147

 （三）三级挑战：让学员认同 ................................ 151

 （四）四级挑战：让学员承诺 ................................ 157

## 第五章　引导转化：共创教学，启发学员

一、教练技术的四大核心能力 ................................ 167

 （一）提问者才是主导者 ................................ 167

 （二）听出关键，转化为现场素材 ................................ 176

 （三）区分学员的回答内容，找到问题关键点 ................ 178

 （四）建设性的回应，有效引导结论 ................................ 186

## 二、引导执行五步骤的应用流程 ... 192

### （一）抛出问题：有目的地"挖沟" ... 192
### （二）加工处理：促使学员思考 ... 193
### （三）分享观点：了解学员想法 ... 194
### （四）总结升华：完成"填沟"动作 ... 194
### （五）关联实际：提高转化效果 ... 195

## 三、有效控场技巧，让意外成为进化机会 ... 195

### （一）学员迟到、玩手机 ... 196
### （二）学员昏昏欲睡 ... 197
### （三）内训师被学员问住 ... 197
### （四）学员争执 ... 199
### （五）设备故障 ... 200
### （六）出现刺头学员 ... 201

# 参考书目 ... 205

## 第一章
# 培训认知：路选对了，就不怕远

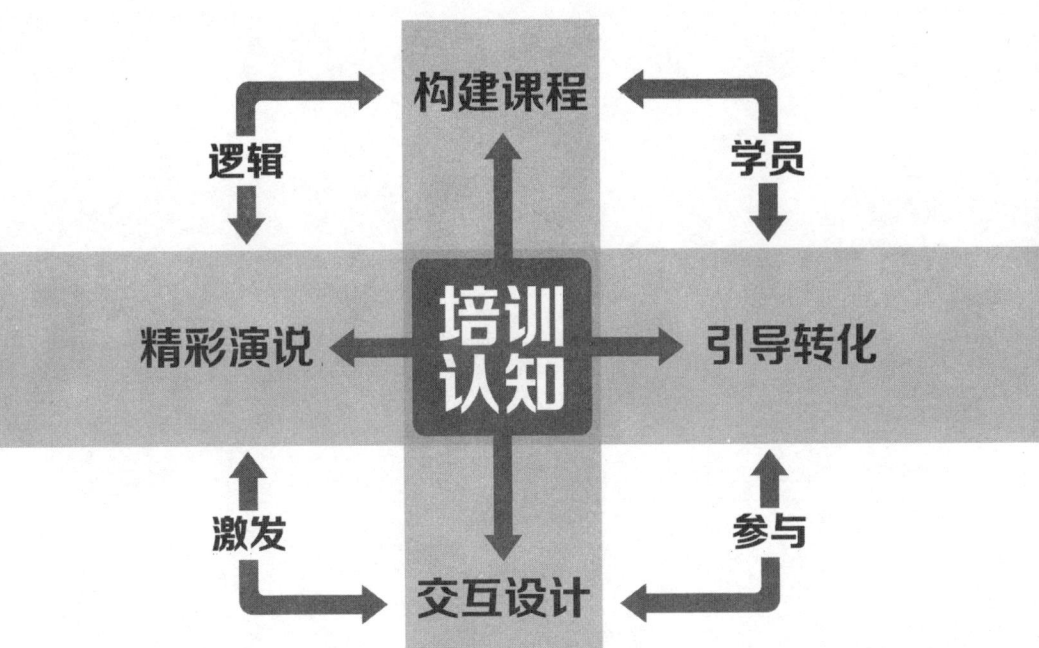

## 第一章 培训认知：路选对了，就不怕远

业内有句名言："不要把培训当锤子。"那我们就把培训当"钉子"吧，原因有三：

（1）不能乱放。

比如你要把钉子放在椅子上，别人坐下来刮破了裤子，就会开骂："谁这么缺德，钉子乱放！"就像缺乏针对性的培训安排，学员就会抱怨人力资源顾问"不干正事，工作都快忙死了，还瞎搞培训"，好悲！

（2）要够稳固。

比如你一大早帮同事带早餐，挂在他的办公桌的挂钩上，结果挂钩不稳，早餐撒了一桌一地，你手忙脚乱地收拾一通。刚收拾完，同事来了，问："咦，你给我带的早餐呢？"你说你这一大早忙得冤不冤？就像你周末经常带培训班而不能休息，要协调场地、准备各种教材资料，还要恩威并施地哄着大家不能跑，结果老板问："咦，培训体现出的结果呢？"你明明付出了好多，却没有满意的结果，好苦！

（3）不能乱用。

比如你要在墙上钉钉子，你会选择水泥钢钉；要在木板上钉钉子，你会选择纹钉；要在纸上钉钉子，你会选择订书钉，不同的钉子解决不同的需求。可为什么你总是希望培训能解决所有问题呢？如果有这样的想法，最后培训就成了背黑锅的角色，出了问题都是培训没做到位，好惨！

目前大多数企业每年都会进行员工培训，但效果参差不齐：有些企业通过培训大大提高了员工的工作能力，为企业创造了更多价值；而有些企业的培训不但没见到什么回报，反而员工一听到要培训，就表现出

反感和抵触。出现这样的问题，往往是因为企业内的培训组织人员对培训的认识不够，想当然地在企业内部试手，在操作的过程中不断试错。而培训的成效也不是即时反应的，以致往往在培训实施很久之后，组织者才发现南辕北辙，做得越多错得越多，白白浪费了企业的培训成本和员工的成长机会。本章希望帮助大家建立正确的培训认知，只有正确地理解企业培训，才会带来有价值的培训产出。

## 一、把培训做成"锦上添花"是无能的表现

不少企业对培训的认知还停留在"培训做得好不好，关键看老师讲得好不好"的层面。

殊不知，只凭一个人的努力，怎么可能挖出丰富的资源？培训是个系统工程，需要各方面通力合作，才能实现价值最大化。

另外，要学会区分哪些是真正的培训需求，哪些是伪培训需求。不少企业所谓的培训需求，往往是其管理不规范导致的，企业基础的管理认知、方法和流程都没有建立，就希望培训能够把这些问题都解决。理智点，永远不要用培训上的勤奋取代管理上的懒惰。

### （一）企业培训常见的四大误区

#### 1. 培训是企业给员工最好的福利

这句话经常被一些企业打印在红色的横幅上，挂在会议室，以便不断地提醒员工。可培训真的可以和福利画等号吗？我们先来分析下福利的特征。

特征一：不管发什么，都有人不满意。

比如中秋节发月饼，有人会说"哎呀，我家从来不吃月饼的"，还有人会说"你怎么发甜（咸）月饼啊，我们家从来只吃咸（甜）月饼"。当然可以发钱，但一样会有人说"就发这么少呀"。

所以，不管福利发什么，都一定会有人不满意。但培训的诉求不是为了讨好员工，而是为了满足企业经营发展的需求。不少企业的年度培训需求，是通过发培训课程列表，让员工自行选择得出的。这样选出的课程，大多依据员工的个人喜好而非组织需求。但实际上，安排培训时，应以组织需求为主，员工需求为辅，不能本末倒置。让员工自选课程，结果往往是众口难调。

特征二：效益好的企业才发福利。

效益不好的企业连工资都快发不出来了，哪还有钱发福利？如果认为培训是福利，效益不好的企业就会放弃对员工能力的培养和更新，使已经进入瓶颈期的企业出现优秀人才流失、管理思维僵化、员工士气下降等问题，问题积累让企业如同马车深陷泥潭，越来越难拔出。

由此，可以看出，培训不等于福利（见表1-1）。

表1-1 培训不等于福利

|  | 福利 | 培训 |
| --- | --- | --- |
| **员工需求** | 众口难调 | 组织需求为先<br>员工需求为辅 |
| **企业需求** | 发展决定 | 迭代员工能力<br>激活组织能量 |

## 2. 培训是为了全面提升员工的整体素质

不少民企老板为了这句话而抵触培训，理由是"花那么多钱培养出来，跳槽了怎么办"。任何企业都不希望自己只是一家"黄埔军校"。企业培训要区别于学校教育（见表1-2）。

学校教育的目的是提升学生的整体素质，让学生未来在社会上有竞争力。

企业培训的目的是提高员工做事的能力。也就是说，企业招人就是让人来做事、解决问题的，企业培训就是为了让这些人做事的能力和解决问题的能力得以提升，至于其个人素质得以提升，那是结果而非目标。这也是企业说"任何不以绩效提升为目的培训都是耍流氓"的原因。

表1-2 学校教育与企业培训的区别

|  | 学校 | 企业 |
|---|---|---|
| 提升的对象 | 整体素质 | 做事能力 |
| 目的 | 学生找到好工作<br>有竞争力 | 员工干好工作<br>输出高绩效 |

### 3. 培训是为了提高企业效益

这句话看上去最"正确"，但骗子和英雄最大的区别无非是，一个说到了，一个做到了。在企业内想晋升得快，一定要在核心业务部门，因为其产出的贡献直接关系到企业发展，且可衡量、显性化。但培训部门不是这样，不少企业的人力资源部新人就是从培训管理做起，做了几年，可能在领导的眼里也就是个打杂的。为什么会有这么大的差距？一方面来自岗位专业性的差别，一方面来自输出培训结果的模糊性。

我们不否认培训效果的确很难即时体现，但如果一上完课这事就画了个句号，没有任何培训后跟进、转化的设计，那么所谓的"培训是灵药"就成为一种托词，因为这样就没有人需要对培训结果负责了，只要老师现场不讲砸，培训就可以得过且过。但这样的培训并不是老板想要的，也不能真正为业务部门提供发展支持，他们想要的是通过培训见到收益，就是花钱能听到响声。

所以，培训并不是包治百病的灵丹妙药，应该是有针对性的，会有适用范围，也会有使用不当的不良反应，需要对症按疗程服用才会见效。虽然效果不会立竿见影，但至少结果可期。企业内部培训人员如果要体现价值，就要像大夫一样，会系统诊断，对症下药，跟进疗效，对结果负责，这是"首席学习官"与培训事务"打杂的"的区别所在（见表1-3）。

表1-3 培训应该有针对性

|      | 包治百病 | 有针对性 |
| --- | --- | --- |
| 培训 | 淡化责任<br>缺乏转化 | 对症下药<br>对结果负责 |
| 培训人员 | 打杂的 | 首席学习官 |

### 4. 培训不就是上课吗

有些企业的培训就是走过场，内训师和员工都在完成各自的任务。内训师负责把稿子宣贯一遍，员工负责坐在台下度过这段时间。双方都很煎熬，又没有什么培训效果，这种不负责任的培训只会让员工越来越抵触学习。

另外，企业培训会有一种惯性思维：一说学习就是培训，一说培训就是上课。实际上，上课只是培训的一种表现形式，而培训又只是学习的一个分支（见图1-1）。

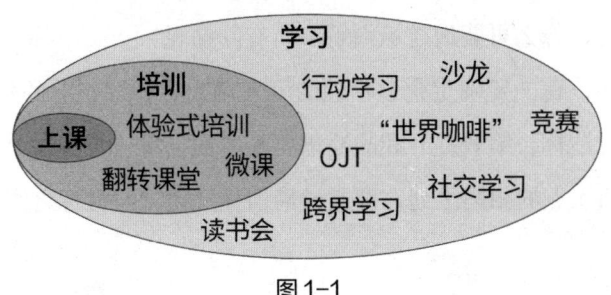

图1-1

企业应建立"学习型组织",而非"上课型组织"(见表1-4)。当我们掌握的学习技术越来越多,才能为企业提供更有价值的、更贴近业务实际需求的学习方案。

表1-4　上课与学习的区别

| | 形式 | 效果 |
|---|---|---|
| 上课 | 传统且固化 | 出现工教矛盾 |
| 学习 | 多样且灵活 | 契合发展需要 |

## (二)培训是把钥匙,但不是万能钥匙

我们对培训寄予厚望,但得到的往往是失望。有时会让人觉得企业做内训的目的就是到年底为各个部门背黑锅,业务部门年底总结时开始喊员工离职率太高,培训没做到位;员工业绩差,培训没做到位;没激情,要培训;缺执行,要培训;管理难,要培训……培训这么多,效果怎么样?要是第二年真给他们安排培训,他们又会说,工作压力大,生产任务都完不成,哪有时间来参加培训?所以培训管理者也非常委屈:自己变成了猪八戒照镜子——里外不是人了。这里面最大的问题在哪儿呢?在于内训工作被业务部门牵着鼻子走。企业的每个部门都有明确的分工,规定了能干什么和不能干什么,培训也应界定职责。培训毕竟不是万能钥匙,怎么可能通过培训解决所有问题呢?

做培训,首先要确定企业培训的三大切入点,即企业的核心培训要求要从岗位达标、绩效提升和战略需要三方面出发(见图1-2)。

三大切入点的相同之处,即通过培训弥补现状与目标之间的差距。

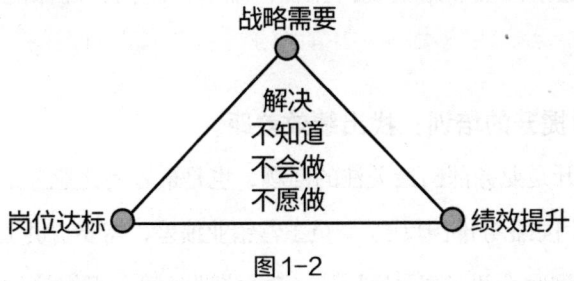

图 1-2

岗位达标弥补的是新进员工或转岗员工从不会到胜任之间的差距。绩效提升弥补的是绩效能力或绩效结果与绩效目标之间的差距。战略需要弥补的是企业现状与企业未来战略发展方向之间的差距。这三大培训切入点在操作层面上又有着极大的不同。

**1. 岗位达标的培训：找出胜任差距**

不少企业目前的员工入职培训基本为零，只是将新人集中起来，进行为期两三天的公司情况、产品、薪酬、福利、请假等事宜的介绍，并未对其工作规范及能力进行培训与指导。转岗员工更不用说，往往是新旧一交接就要开始从事新岗位工作。

以上方式往往考验一位员工的"悟性"，他得自己去理解岗位"要我做什么，我该怎么做，做到什么标准算合格"，不但胜任率低，而且出错概率高。不少新人是通过批评获得成长的，不少人会因为缺乏有效的辅导而自认不能胜任工作，最终选择离职。

岗位达标类的培训属于企业基础培训，这个类别的培训需求非常纯粹，就是因为员工不知道、不会做，需把该岗位应知应会的内容进行萃取、整理，形成标准化培训教材供员工使用。

企业培训如果这个阶段还没有夯实，就要先完成此阶段的课程开发及授课保证。内训师们在给新员工授课时要注意避免专家思维，多用

"显微镜"观察岗位应用情境、流程、细节、窍门，确保能有效辅导新人胜任岗位。

**2. 绩效提升的培训：找出绩效差距**

绩效提升是业务部门最关注的问题，也是最容易让业务部门对培训失望的地方。例如业务部门反映："员工营销业绩差，需要给员工搞搞培训。"

新手内训师会迅速匹配课程，安排培训时间，组织培训，但效果如何？响应越快，效果越差。

有经验的内训师会完成以下三步——

第一步：收集、分析可能存在的因素。

通过访谈、问卷调查等方法，收集到员工营销业绩差的主要原因：

原因1：绩效中不考核营销数据（如大锅饭）或该指标并未列入考核。

原因2：营销的产品总是缺货或出现质量问题。

原因3：员工不太了解新产品的性能，导致营销业绩差。

原因4：营销指标任务太重，导致员工抵触、消极应对。

原因5：员工的营销技巧有待提升等。

第二步：区分责任，从以上收集的因素中选出培训能解决的问题。

对调研到的问题进行根源分析：

原因1：绩效中不考核营销数据或只考核了一部分——这是绩效考核导向问题。

原因2：营销的产品总是缺货或出现质量问题——这是产品支撑问题。

原因4：营销指标任务太重导致员工抵触——这是管理者目标管理的问题。

这三个问题属于管理的问题，无法通过培训来解决。

原因3：员工不太了解新产品——这是员工知识掌握的问题。

原因5：员工的营销技巧有待提升——这是员工技能掌握的问题。

这两个问题属于培训可解决的问题。

第三步：原则上先解决管理问题，再解决培训问题。

组织制度、管理流程、生产设备等相关方面的问题，不属于培训问题，而是管理问题，无法通过培训手段来解决。也就是说，只有当分析出的问题是因为人的行为导致时，比如员工不知道、不会做或不理解时，我们才去着手规划培训。

但业务部门不一定能专业地判断问题的根源，这就需要内训师成为内部咨询顾问，拿着"放大镜"来识别是人的问题还是管理的问题。因为此类差距形成的原因非常复杂，需要内训师锻炼系统思考的能力，多角度看待问题，注重关键环节点，避免短视（只看眼前）或深井（只看片面），从而提高培训需求诊断能力。

因此，培训需求分析重点应在进行此类培训前完成。

### 3. 战略需要的培训：找出发展差距

战略需要的培训往往与企业战略发展相关，即为了支持战略发展或变革的需要，对员工的能力进行培养、提升、储备的培训。比如：中国移动全面推广4G业务前，对全国员工进行逐级、系统化的业务培训，使员工在业务全面铺开前,可以胜任并支持业务推进。这就属于战略需要的培训。

这种培训需求不会多,但凡出现就会非常重要,影响着企业战略、变革是否能有效推进和落地。不少企业战略变革失败的原因就是老板意识走太快,员工能力没跟上。

这个层面的培训解决方案很难在内部找答案,需要带着"望远镜",多看看行业内外有无实践案例可以参考,打开视野,避免被"贫穷限制了想象力"。

以上三大培训切入点,属于培训起点阶段就要搞清楚的问题。企业内训师务必在培训前想清楚"为什么出发""是否有必要出发"。这步如果走错,后面做得越多,损失越大。同时企业内训师要尽量多参加本企业的经营分析会或年度总结会等,及时了解企业发展现状、需要及方向,切忌闭门造车或盲目跟风,想当然地乱组织培训,以免导致内部出现培训过度、学习不足的现象。

### (三)缺乏转化是培训无效的根源

培训结束时,我们一般如何评估培训的有效性?大家想到最多的可能是填写培训效果评估表、考试、在工作中的实际应用及绩效成绩提升。

这些考核方法就是"柯氏四级评估"的应用,这种评估方法是由威斯康星大学教授唐纳德·L.柯克帕特里克于1959年提出的,目前仍是世界上应用最广泛的培训评估工具,但同时也是业内很有争议的模型。争议的部分我们稍后再谈,先来看看四级评估具体指什么(见表1-5)。

表1-5 柯氏四级评估

| | 一级评估<br>学员反应 | 二级评估<br>学习收获 | 三级评估<br>行为转变 | 四级评估<br>产生结果 |
|---|---|---|---|---|
| 考核节点 | 培训结束时 | 培训结束时 | 培训结束后<br>1~3个月 | 培训结束后<br>3~6个月 |
| 常用考核方法 | 评估问卷 | 笔试实操 | 任务达成<br>行为转变 | 业绩评估<br>360度评估 |

## 1. 一级评估：课程评估是个陷阱

在每次培训结束时，由学员对培训内容、培训师、培训组织方进行综合评估，所填写的表单俗称"验师报告"，这就是一级评估。一些培训刚起步的企业大多只完成此阶段的培训评估。用学员对培训师的满意度评分进行横向对比，的确属于授课效果的一种反馈，但是不是满意度得分高就说明培训效果好呢？

比如，2008年，我还在企业工作，因为当时市场竞争非常激烈，企业希望通过培养员工的创新能力来促进良性竞争，于是引进了一门"创新思维"课程，我也参与了那次培训。那次课程到现在还让我印象深刻，是因为上得"太开心"了，两天的课程结束时，脸都笑僵了，就像是把德云社请到现场演出了两天一样。那位老师给我们讲了什么呢？他讲了苹果公司如何采集果粉们的意见进行产品优化，并向我们展示了他一系列的苹果新品，还穿插了他是如何"曲折又机智"地从免税店带回这些产品的，太多新奇的小故事使得整个培训现场氛围活跃，学员状态非常兴奋，评分自然也非常高，但是最终我们并没有再次采购他的课程。因为学员回到工作岗位当中，按要求进行创新时，他们只记得那些搞笑段子和故事了，创新能力一点也没提升。所以不要把课后学员反应作为评估这门课程有效性的主要依据。

内训师如果为了满意度分值而去取悦学员，往课程中无意义地

"注水"，就会降低培训的价值。回顾我们参加过的有效培训，往往是痛并快乐着的学习状态会让我们收获更多，而非老师一味地说笑和讨好。我甚至认为企业内训可以忽略一级评估，因为这个评分的高低可能与内训师的实际授课能力不完全相关，甚至会受其内部职级的影响。与其得到这种数值，还不如把重心放在二、三级评估上，以免舍本逐末。

### 2. 二级评估：学习收获关键看老师

二级评估是指学习评估，即在培训结束时，对培训的效果进行检验。我经常问内训师们："学习收获层"对谁的考验大？得到的答案大多是"学员"。其实这层评估对内训师的考验更大。

有这样一类内训师，他们在上课之前，对于培训的目标没有清晰的界定，导致随性而为，想到哪儿讲到哪儿。表达能力越好、应变能力越强的内训师，越容易出现这样的情况。因为他们即兴发挥的能力很强，讲着讲着突然想到一件事，就岔开原来的话题开始讲这件事，也不管这件事跟讲课的主题是否相关，讲到后面时间不够了，就会赶进度，把重要内容一带而过。通常这样的内训师教出来的学员，水平都参差不齐，到底掌握多少，只能靠学员自己的悟性了。

在培训前对学习目标进行设定，一方面可以与学员统一认识，使其清楚知道要重点掌握哪些内容，掌握到什么程度；另一方面也帮助内训师把握课程重点，确保应知应会的内容达到培训目标，保证课程输出质量的稳定。同时，用什么形式进行检验，取决于课程属于哪种类型，比如知识类的课程常用笔试检验、技能类的课程用情景演练检验、态度类的课程用辩论或主观题检验等，这些内容将在第二章进行详细介绍。

### 3. 三级评估：行为转变是培训成败的关键

三级评估是指行为评估，即学员在培训结束后，回到工作岗位上，有没有发生行为的改变，有没有运用课上学到的技巧。柯氏四级评估之所以在业界不断受到争议，主要是因为此级评估。因为这个阶段学员已经离开培训教室回到工作岗位中，老师也不在身边，那么如何评估学员的行为是否转变了？要知道即使再小的习惯改变，也要付出努力不断强化；而回到原点，往往十分轻松。业内很多人都质疑二级评估和三级评估中间有一道难以逾越的鸿沟——从知到行的鸿沟，而培训转化的缺失就是企业培训无效的根源。

我对此级评估的认识是，这恰恰是企业内训的价值所在。内训师往往是从岗位专家甚至管理者中提拔起来的，他们在上课的时候是一名老师，下课之后也没有离开学员，可以在工作中持续地对学员进行监督、辅导、考核，"扶上马、送一程"，能更有效地推进员工行为转变，从而提高员工的绩效表现。这就是越来越多的企业重视内训的原因所在：内训师不只在课堂上讲课，更要成为工作中的导师，推进员工学习转化。

### 4. 四级评估：结果达成是为了"营销"

四级评估是结果评估，即在培训结束后，通过相关测评，统计培训收益。后来所谓的五级评估——投资回报率（ROI）可以视为结果评估的一种延伸。无论用什么方法进行测评，最终的数值都带有一定的主观性。比如对销售人员进行培训，训前人均销售额完成2万元，训后完成4万元，能说增加的2万元都是培训的功劳吗？可能有培训的效果，也可能有市场变化、政策变化、销售淡旺季转换等因素的影响。

在初阶的内训师培养层面，建议大家把心思花在培训过程的控制上，因为过程控制好了，有好结果是必然的。在我看来，四级评估指标的量化计算结果是给老板看的,让老板看到培训的价值,从而更支持培训。内训师如果想做出好结果,就要尽量做好培训过程的整体管控。

## (四)培训是过程,而非事件

### 1. 培训项目甘特图

如果把培训当成事件,那么到课程结束,意味着这件事也就完结了。培训结果只能输出——应到多少人,实到多少人,一、二级评估的成绩如何,但没有实质的成果输出。如果我们把培训当作学习项目来管理,可以先思考一下对培训过程的管控包括哪些内容。

培训前——确保这个亟待解决的问题与目标学员的行为挂钩,属于培训问题。

培训中——确保课程内容能帮助学员达成培训目标,课程输出形式符合成人学习的原理。

培训后——把重点放在二、三级评估的效果跟进上,尤其是课后转化,需要在培训结束后的1~3月,对学员的应用情况进行监督、辅导,确保学员学有所获、学有所用。

可以借助甘特图(见图1-3)呈现简易项目内容,让整个过程更加清晰、直观。

(1)培训前。

① 与业务部门的管理者沟通:选择有价值的培训切入点,并对最终的输出结果、衡量标准达成统一;学会合理控制管理者对培训的期望值。

② 完成准备工作:谁是目标学员?如何邀请才能使其珍惜此次培训机会?是否需要提前学习些课前知识?培训结束后,帮助学员转化的环节是否进行了设计?

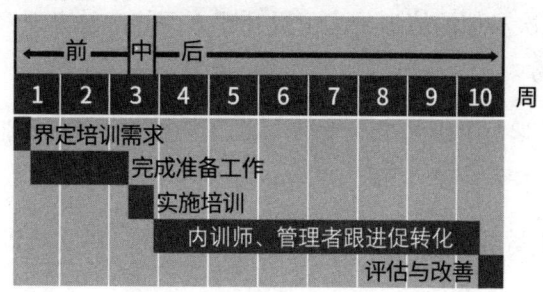

图1-3

（2）培训中。

学习内容是否紧扣学员实际？如何帮助学员更好地掌握课程内容，完成从知到行的跨越？

（3）培训后。

① 学习转化阶段是绝大多数培训缺失的地方，也是培训无效的根源。如何让学员回到工作中仍然愿意使用课上学习的内容？如何在团队中营造学习转化的氛围，给学员创造应用学习内容的环境？

② 完成对结果的评估衡量，估算培训的投资回报率，并以此作为营销证据向业务部门推荐，为培训工作争取更多的支持。

**2. 影响培训效果的因素**

在企业内部，内训师虽然不能保证每次培训都按培训项目来进行，但可以对单个课程增加一些前后环节的设计，从而让整个培训的效果有所提升。你会发现影响培训成败的环节更多来自：

（1）学员上级要支持。

学员上级的支持与参与，会比内训师或人力资源顾问对学员的催促有效得多。如何让学员上级更支持培训？

① 能否在培训前让学员上级除了收到一份下属的培训通知外，还能

知晓其下属此次参加的培训是为了提升哪方面的绩效表现,从而获得学员上级的支持?

②能否让学员上级简单与学员沟通,传递其对下属参加此次培训的期许?

③能否让学员上级参与学习后的转化阶段,对学员进行跟进、监督、辅导?

(2)安排学习要严谨。

放弃工业化时代批量生产的模式吧。参与培训的学员越有针对性,学习效果会越好。不少企业的内训还停留在学员在大会议室排排坐,内训师在台上宣贯的状态,学员根本没有参与课堂的机会,何来培训效果可言?而且安排学员的随意性强,要么是高手、菜鸟混编,要么就是谁有空谁来听,最终导致课程内容针对性不强。

(3)学习转化要跟进。

学员学习结束后,回到工作岗位去应用,会面临两大挑战:一是应用的意愿,二是应用的能力。如果他们发现改不改根本就没有人管,那么谁愿意麻烦地运用新方法呢?况且"知易行难",学习时觉得挺简单,过后自己做就不是那么回事了,这个时候去哪儿找资料?谁能及时提供帮助?谁来跟进,谁能提供辅导?这些都是内训师在转化跟进设计中需要考虑的问题。

### 总结

这一部分内容是帮助内训师建立企业层面的培训认知,让内训师知道培训是过程而非事件,正确剖析、选择培训切入点,进行有效的培训推进,并在培训结束后进行跟进转化,确保培训成果输出。

## 二、打破"外来的和尚好念经"的魔咒

不少被企业选拔出来的内训师都很迷茫。

有莫名其妙的:公司要选拔内训师队伍,自己就被部门推荐上来了,经过几天的培训,挂上了"内训师"的名,但未上过讲台讲过课。

有消极被动的:平时工作太忙,哪顾得上培训的事,甚至认为在企业里"没本事的人"才有空搞培训。

有不知所措的:经过表达力、台风等训练,敢于上台把课件读一遍了,但对未来的成长方向、发展路径不清楚。

当然,随着培训行业的飞速发展,越来越多的企业人员愿意加入内训师队伍,希望对自己的综合能力进行提升训练,毕竟"教是最好的学"。下面就谈谈对内训师的选拔标准、成长路径的看法,以及自我学习成长的方法,供读者参考。

### (一)内训师的选拔

目前企业在选拔内训师时,会存在这样的问题:岗位上的年轻人参与意愿强,表达能力也不错,但缺少工作经验和历练,在讲课时很难树立师威,镇不住场。年纪大的岗位专家虽然经验足,但要么往往已身居要职,没有"闲工夫"整理课、搞培训;要么羞于表达,上讲台比上断头台都难,怎么也拉不上去。这种矛盾的确需要解决,不然即使企业组织起一支内训师队伍,也很难用好。那么该如何选拔内训师呢?

#### 1. 能讲的,还是有料的

在内训师的选拔中,建议选拔顺序如图 1-4 所示。"有料"的选择应该在"能讲"之上,因为有料的积累时间比较长,而"能讲"往往

掌握一些套路，多加练习，就可以快速提升。企业内部培训，核心就是"内容为王"，内训师肚子里没货，怎么可能为学员带来有收获的课程。

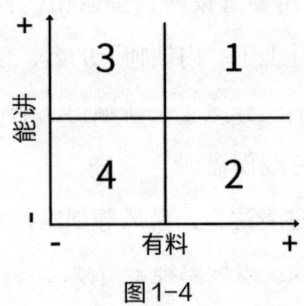

图 1-4

我觉得最理想的内训师就是岗位专家和管理者，他们都是丰富经验的携带者，是企业不可或缺的知识宝库，要充分发挥他们的价值。能加入内训师队伍，进行相对应的训练，也是对其影响力的一种补充，会更有助于他们在工作中发挥价值，拓展职业发展渠道。

（1）岗位专家。

情境领导工具把员工分为四类（见图 1-5）。而大多数老员工都会处在"3"的位置，即有能力、无意愿。因为工作本身的挑战随着其胜任力的提升而变得越来越弱，工作的重复性也导致其工作激情消失殆尽。如果升职无望，很多岗位资深员工就会进入"成长停滞"的状态。

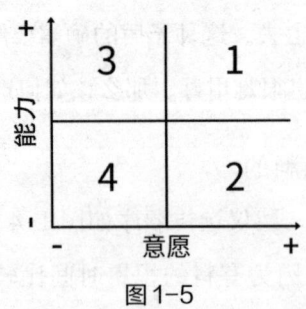

图 1-5

# 第一章 培训认知：路选对了，就不怕远

加入内训师队伍可以激发他们的事业"第二春"，让他们通过课堂来锻炼自己系统思考、逻辑表达、现场呈现等能力，逐步扩大其在企业的影响力，使其获得更多的成就感，积累晋升的资本。

（2）管理者。

管理者被提拔，往往是缘于之前的业绩优秀。当他们成为管理者后，要分出很多精力进行管理工作，而之前积累的优秀工作经验会用得越来越少，如果不提炼、传承，就浪费掉了。所以，管理者不再需要个人绩优，而是将自己的绩优复制出去。

另一方面，国内很多企业的管理者还没有建立培养下属的意识与能力，他们对员工的管理大多停留在考核阶段。有人笑谈说这种方法仅对"70后""80后"管用，因为他们往往背负着生活的负担，不会轻易离职；而对"90后""00后"是无效的，如果对他们只是简单、粗暴地管理，而对其成长没有帮助，他们会迅速拍屁股走人。

做培训可以帮助管理者建立培养下属的意识与能力，让管理者有机会从既重要又紧急的1类救火事件（见图1-6），慢慢过渡到重要但不紧急的培养下属成长的2类事件，通过培训统一团队的行为与步调，使自己的管理更加从容。不少外企通过考核导向（与晋升发展挂钩）引导管理者重视对下属的培育，就在组织层面激活了这些管理者。

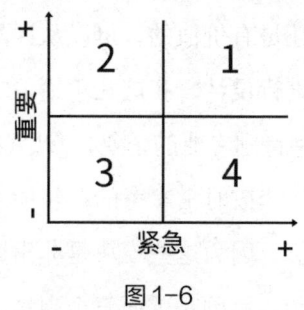

图1-6

## 2. 内训师的选拔模型

企业选拔内训师，一般会从专业能力、学习能力、分享意愿、逻辑能力、表达能力和台风呈现这几个方面加以考量。我们先来看前三者。

第一要考虑的是专业能力。因为培训的核心就是经验的交流与传承，就像你不会找一个不会游泳的人教你家孩子游泳一样。经验交流不仅仅讲你验证过的方法，甚至走过的弯路、买过的教训都有价值。如果已经成为内训师的你在这个层面还不够坚实，就一定要好好强化。

第二要考虑的是学习能力。一个不喜欢、不善于提升自己的人，很难做好培训这件事。学习分为主动学习和被动学习，如果内训师只是被动等待企业一年安排一两场内训师成长的培训，平时不注重主动学习，怎么可能成长起来？要想成为一名好的内训师，必须有很强的自我驱动能力，能完成学习规划并执行。如果学习这事还要靠别人打一鞭子走一步，喂一口才吃一口，那培训这条路真不适合你。记得曾经有学员问我，我从企业出来做职业讲师的勇气来源于哪儿？我告诉他就是两点：学习能力和课程开发能力。

第三要考虑的是分享意愿。意愿分为两个层面：内在驱动力和外在驱动力。如果你本身就喜爱和大家分享，享受帮助他人成长的喜悦，对培训有着清晰而坚定的使命感，那么不用说，你一定是企业内训师的最佳人选。但这样的人可遇而不可求，企业如果想激发大家投入到内训工作中，必要的激励政策还是有价值的，可以从课酬、职业生涯发展、福利、学习机会等多方面进行设计。我这几年给很多企业做过内训师培养及队伍建设，发现内训师特别专业的企业，激励政策往往也非常到位。

对于以往企业内训师选拔时常参考的逻辑能力、表达能力、台风呈现，我倒觉得没太大价值，因为这些模块是非常容易提升的，甚至几天培训下来就能有质的飞跃。反倒是前面三个因素，是长期积累的过程，是"台上一分钟，台下十年功"的体现。表1-6列出了选拔参考项，可通过总分排序来进行选拔。

表1-6 企业内训师选拔模型

| 参考要素 | 细节 | 评分标准 |
|---|---|---|
| 岗位<br>（哪些属关键岗位，哪些属支撑岗位，每家企业情况不同，可按实际情况进行调整） | 业务部门关键岗位<br>（围绕企业核心业务为主的岗位，如：销售、生产、研发、服务等） | 10分 |
| | 业务部门支撑岗位<br>（支撑企业核心业务发展的岗位，如：财务、物流、渠道管理等） | 8分 |
| | 企业后台支撑岗位<br>（企业发展过程中的支撑岗位，如：行政、人力资源、文秘等） | 5分 |
| 职务 | ·高/中/基层管理者<br>·年度/月度绩效排名前30%<br>·企业内已明确的业务专家/大师 | 符合任意一条即可加10分 |
| | 非上述条件 | 0分 |
| 岗位经验<br>（管理岗按工作年限计算） | 3年以上（含3年） | 10分 |
| | 2年以上（含2年） | 8分 |
| | 1年以上（含1年） | 5分 |
| | 不足1年 | 2分 |
| 学习习惯 | 一个月读一本书（最好与工作、职场相关） | 2分/本 |
| | 自己报名参加培训课程（含在线网课） | 5分 |
| | 有输出行为<br>（做笔记、与同事分享学习心得、写内部博文、写公众号、制作网课等） | 有即加5分，更新频率高的加10分（如每周更新） |

(续表)

| 参考要素 | 细节 | 评分标准 |
|---|---|---|
| 个人意愿 | 写一篇关于自己为什么参与内训师选拔的文章<br>（观察其意愿与主动性如何） | 5~15 分 |

## （二）基于 ADDIE 的内训师成长模型

在谈内训师的成长模型之前，我想先和各位聊一个比较老的模型：ADDIE（见图 1-7）。它是教学系统设计（Instructional System Design）所包含的百余种教学方法论之一，也是应用最广泛的一个。有些老师只把它定义在课程开发模块，其实是限制了它。我认为这个模型包含了整个培训全流程，根据它分解出了内训师成长模型的三个阶段：前端能力、中端能力和后端能力。

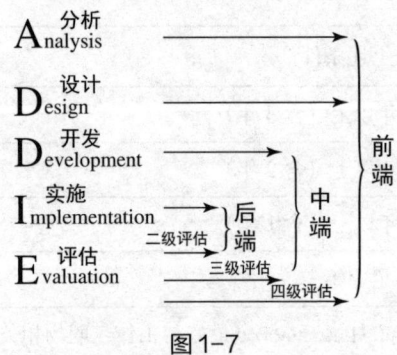

图 1-7

### 1. 前端能力：培训诊断与学习设计

前端能力即咨询能力，要求内训师能够：

（1）根据企业现状或未来发展方向进行分析（analysis）、诊断（见图 1-8）。就像一名医生，能够查找出问题的根源，选择相匹配的方法解决问题，改善现状。

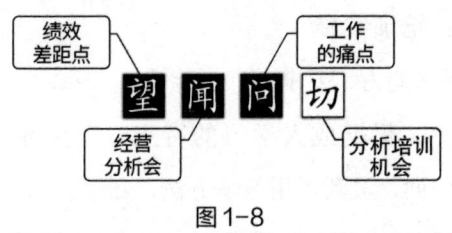

图1-8

（2）能够进行学习设计（design），这里指学习，而非"上课"。就像《CEO期望的公司培训》一书中提到的，"要能够了解员工的绩效问题所在，并且知道什么是最好的途径，能够开发出不同的学习项目来满足员工的需要，……应该站在新技术、新机遇和新的学习方式的前沿"。现在学习手段越来越丰富，比如行动学习、世界咖啡、社交学习、读书会、跨界学习等，完全可以结合业务实际情况进行灵活设计。我们最终的目标是打造学习型组织，而非上课型组织。

（3）能够对学习项目进行四级评估（evaluation）的设计及考核。

### 2. 中端能力：学习内容开发与评估设计

中端能力即开发能力，要求内训师能够：

（1）对学习内容进行开发（development），对教学流程进行设计，帮助学员更轻松地完成学习内容。内容开发的形式比较多，有标准化课件、微课、案例库、标准工作手册、流程清单等。这个阶段有三大考验：一是隐性经验显性化的开发，即把自己缄默化的经验进行提炼，变成可复制传播的课程内容，而非在网上找一堆没有针对性的资料进行结构化拼课；二是开发者要具备化繁为简的核心竞争力——把简单的内容讲复杂是专家，把复杂的内容讲简单才是大师；三是教学形式的设计，能够围绕教学目标，优化教学手段，激发学员参与，提高培训效果。

(2) 能够对学习内容进行三级评估（evaluation）的设计及考核。

### 3. 后端能力：培训实施

后端能力即授课能力，要求内训师能够：

(1) 在课堂上，根据成人学习的特点，完整地、有计划地实施（implementation）培训，灵活运用教学方法，驾驭课堂，帮助学员掌握、应用课程所学内容，并鼓励其应用于工作当中。内训师在这个阶段应该体现三种角色：演讲者、辅导者和引导者。以往不少TTT培训只针对演讲者角色进行训练，忽略了辅导者和引导者的角色，而后两种角色能力的提升对企业内训更有价值，它们不仅可以用于课程中，还可以应用于课程后，成为员工导师的必备要素。

(2) 能够对学习内容进行二级评估（evaluation）的设计及考核。

前端、中端、后端能力的区分关键在于，上一级能力比下一级能力高一个维度，就像点、线、面的关系一样。

①通过分析，可以直接过滤掉伪培训需求——不做培训。

②即使有培训需求，但选择了更为灵活的学习方式，不涉及内容制作及授课——不做开发和授课。

③进行课程内容开发，但显现形式是体验式教学——重在引导。好的课程开发可以降低对培训师授课能力的依赖，这也是国外版权课程可以标准化、批量复制且效果不衰减的原因。

## （三）内训师的自我修炼

我一直认为内训师的后端能力培养相当于高阶职业化塑造，能帮助职场精英完成做得好也要说得好，说得好更要有影响地成长转变。如果说前端、中端的能力比较偏专业，则后端的能力往往是和职场结合最紧密的，包括自我修炼部分。我曾见到过不少内训师很爱学习，但学习方向非常盲目，乱学一气，钱也花了不少，却没见多少成长。学习固然重要，但学习方向与方法同样重要。这部分我们具体聊聊内训师如何快速成长。

### 1. 提升自我内涵的三个层面

内训师的自我提升来自三个维度：学、思、行。这三者的关系，如同天、地、人之间的关系。

在需要研究的主题领域中，学相当于天，要学习这个领域的经典理论、模型、方法，站在巨人的肩上看世界；行相当于地，通过自己脚踏实地的践行，实践出真章；思相当于人，顶天立地，将理论与实践进行有机结合，分析、提炼、完善、优化，形成自己的系统理解。这三者缺一不可，只有行，就成了低水平重复；只有思和行，会被"贫穷限制想象力"；只有学，最终"知道那么多道理，仍过不好自己的人生"；只有学与思，最终成为"思想的巨人，行动的矮子"。接下来，我们从这三个维度来具体讲讲该如何提升自我。

(1) 学：先深度再广度。

深度就是钻研专业知识，至少这个领域顶尖大师的书要看10~20本。比如你要讲管理，就一定要看彼得·德鲁克的书；如果要讲营销，就要看看特劳特系列的书。不知道这个领域有什么大师的书，可以先在亚马逊网站进行搜索（它的大数据推荐是做得比较好的），比如输入"社会心理学"，在搜索结果中点开其中一本，内容页中也会为你推荐其他同类书籍，这些书籍的品质都很高，可以从中进行选择。如果你要进入一个新主题领域学习，一上来就读"大部头"，容易读到怀疑人生，那么可以先从该主题下的畅销书读起，书中对专业术语一般都进行了通俗化的解释，有助于理解。待你有了一定基础，再看大师的专业书籍，有助于系统提高。这个维度能帮助你迅速拔高理论水平，建立该领域的底层逻辑，提升你的理论鉴别能力，避免被一些包装的概念牵着鼻子走。这个层面往往是内训师最容易缺失的，所以内训师的课接地气，但缺乏高度。

如果专业领域研究得差不多了，也可以拓展广度，读读文史哲类书籍，提高自己的文化素养和思维广度。之前有内训师问我词汇量能否通过培训提升，我认为提升不了，这是日积月累的过程。

关于如何选书、读书，推荐艾德勒的《如何阅读一本书》，相信看后你会有更多的启发。

(2) 行：实践出真章。

这个维度往往是内训师最擅长的。我一直认为企业内训师很有竞争力，因为讲的内容基本就是做的内容，也只有真正做过，才能区分出哪些是冗余、哪些是关键。所谓"不登高山，不知天之高也；不临深溪，不知地之厚也"，学，让你知道是什么；行，让你知道不是什么。

(3) 思：拉开差距的关键点。

脱离了"思"，读万卷书，也不过是"知识搬运工"；行万里路，也不过是个车夫。要提升自己思考的能力与品质，记笔记是个简单易操作的方法。但成年人的笔记和学生时代的笔记往往不同，学生时代的笔记是为了记忆，成年人的笔记是为了思考。大家可以参考麦肯锡的"空雨伞"思考法记笔记（见表1-7），另外，也可以学习大前研一的《思考的技术》。

表1-7　"空雨伞"思考法

| "空" 描述事实 | "雨" 罗列想法 | "伞" 展开行动 |
| --- | --- | --- |
| 天边飘来好多乌云 | 可能要下雨 | 回屋带上伞 |

在自己研究的主题领域，从两个方向进行思考加工。一是从小到大，由点入手，慢慢连接线、面，最后形成体，能够搞明白每个模块分别对整个系统产生的作用与影响。二是从大到小，能够一句话提纲挈领、直指核心。这种提炼一定是基于系统之上向下看，如同"会当凌绝顶，一览众山小"，才会提炼得如此精准、到位，否则只会"不识庐山真面目，只缘身在此山中"。

以上天、地、人三个维度的修炼属于内功心法，是内训师在培训时言之有物的基础。我以前在选择学习方向时，往往是从自身的问题出发，比如觉得自己的工作缺乏条理，天天瞎忙，我就会把时间管理定为这段时间的学习方向。一边学习一些方法，一边拿自己做实验，检验哪些工具在自身应用是有效果的，哪些效果不明显，哪些工具可以进一步优化，不断地总结心得体会。感觉自己积累得差不多了，就将其变成一门小课程和别人分享。通过不断的授课，我对内容理解得越来越深刻，还会通过学员见到更多自己在应用时没有遇到的问题，再去找解决办法，去实践应用。就这样，我逐步成了这个领域的专家。专业就是"在越来越小、越来越少的地方研究得越来越大、越来越多"，更何况这个领域还是你之前的短板，学习过程本身不就是让人兴奋的吗？

当然，在企业中，如果你只想研究一个方向也不太现实，当你的讲课能力越来越强，你就成了"革命的一块砖"，哪里需要哪里搬。因为你讲课不错，可能和你工作关联度不大的课，比如党建、企业文化等方面的课都会找你讲。有些老师会拒绝，我倒觉得这未必是坏事。我之前在企业里能讲20多门课，当时往往要讲不同的主题，所以不得不去补充学习相关的内容。但正因为此，我在原有的知识树干上进行了多次嫁接，这种嫁接有助于我拓展自己的知识边界。

### 2. 提升自我表现的三个步骤

提升自我表现属于外功心法。不少内训师肚子里有料，一上台憋得脸红脖子粗，完全不能正常发挥，顶多只能照着读，于是乎，给自己贴个标签——"我不适合讲课"，从此希望再也不要上台。这部分内容将告诉你"从走上讲台到站稳讲台的秘密"。

有些事是需要天分的，比如音乐、舞蹈、运动等，但讲课这事是不需要天分的。也就是说，只要你愿意讲，相关的所有能力都是可以通过训练提升的，这是我的经验之谈。

记得我2003年第一次站上讲台，要讲半天的课，当时我非常紧张，把要讲的话全部写在稿子上，写了满满当当十几页，以为准备得很充分了，可往讲台上一站，发现眼睛完全不能离开稿子。互动？别开玩笑了，我都想不起学员是什么反应了，只记得稍稍瞟一眼学员就找不到稿子读到哪儿了。而且当时我也不知道什么发声技巧，就是扯着嗓子喊，半天就把声带给喊哑了。

你看，要说表现，我比很多内训师的第一次表现差劲得多。从我的成长路径上看，内训师从走上讲台到站稳讲台，需要三个步骤。

步骤一：保自信。

不要那么快否定自己。就像你小时候刚学自己吃饭，笨手笨脚的，饭半天都送不进口中，你也没有把饭一扔说"我吃不了饭，我这辈子都不可能吃饭了"。人成长总是要下点功夫、付出点代价的。

第一，不要和其他内训师横向比。所谓人比人，气死人。一看别人讲得那么好，你就打退堂鼓，这对自己不公平。每个人的起跑线不一样，现在"90后""00后"在学校就已经非常重视表达训练了。但如果你不开始跑，你永远不知道自己可以跑出什么成绩。

第二，充分地备课。我见过一位备课到极致的内训师，那是我们当年一起参加集团讲师选拔时的一位同事，他把PPT设定成自动播放，完成了15分钟的试讲，想想那是得练多少遍才能达到的效果。我并不是让大家把上课也整成这个样子，但越不够自信，越要充分备课，人在讲自己熟悉的内容时，会自然而然地流露出自信，你的地盘你做主嘛。

步骤二：多讲课。

之前有个内训师问我"为什么感觉自己成长得特别慢"，我问他多久能上一次课，他说半年多吧。这我就知道问题出在哪儿了，由量变才能到质变。

我的成长也得益于最初那几年，企业的培训多，且老爱安排在周末，其实周末培训不但学员反感，内训师也挺反感的，所以一到上课前就会有内训师请假，安排培训的同事就得到处找人代课，有的就会给我打电话。我也不是觉悟高，只是有个毛病：不会拒绝人。虽然我也不想牺牲周末，但最终还是答应去代课了。于是，那几年我不但要上自己的课，还要上别人的课。后来怎么样了？身为菜鸟的我一步步把自己练成了集团级内训师。

这其实也是职业讲师为什么总比内训师成熟的关键所在，一位内训师一年的授课天数有30~40天就不错了，而一位职业讲师的授课量起码是内训师的3~5倍。根本就没有什么秘诀，"无他，唯手熟尔"。

我经常建议内训师一定要多珍惜、多争取上课的机会，上得越多成熟得越快。如果没有课，就把开会当成训练场，甚至可以试试线上课程。加油！你可以的！

步骤三：常突破。

一名内训师很难一站在讲台上就收放自如，或多或少总有些毛病，比如口头禅、爱乱动、手势死板、语调平淡等。如果只是满足于"讲"，而不去反思自己的不足，不进行相应的提升训练，那么就会一直处在低水平重复，很难享受到成长的喜悦。

因为是内训，学员对内训师的要求不高，这有时会成为内训师放纵自己的借口。有些已经讲了好多年课的内训师，课堂呈现还是很差，所谓的授课就是往电脑前一坐，对着PPT读一遍。内训师的成熟度与自己上讲台的次数成正比，但你要总是坐在电脑前阅读文件，那你讲几十次、上百次也锻炼不出来。

所以内训师要学会自我评估。每次上课让学员帮忙录3~5分钟的视频，自己拿着自评表进行点评（见表1-8）。刚开始可能会出现很多问题，那就有计划地逐个攻破，一次只改一个毛病。还可以填写授课反馈表（见表1-9），就像完成自我雕塑一样，逐步呈现越来越棒的自己。

表1-8 课堂呈现评估表

| 评分项目 | 评分标准 | 评分 1~5 |
|---|---|---|
| 表达是否清楚易懂 | ·无明显的忘词停顿<br>·表达准确清晰；口齿、吐字清晰，普通话发音不影响学员的收听；不吞字，不拖泥带水<br>·没有多余的口头禅和无意义的废话<br>·根据授课内容，声调、语速和节奏合适且有变化<br>·对所有专业术语和名词都有通俗的解释和说明，能将复杂的原理解释透彻，让每个学员都能够理解和掌握 | |
| 站姿、行姿与手势是否得当 | ·站——讲课时，站在教室中间；双腿笔直，不弯曲，无抖动<br>·行——根据讲授内容有一定的走动，但不是来回徘徊；走动时眼神与学员保持交流，未出现背对学员讲话的情况出现<br>·手——双手自然摊开在小腹位置，有一定的变化；没有叉腰、抱胸、背手等动作<br>·没有多余的、习惯性出现的肢体动作<br>·没有不屑、愤怒、不尊重学员的行为表现 | |

(续表)

| 评分项目 | 评分标准 | 评分 1~5 |
|---|---|---|
| 目光是否与学员交流 | ·眼神镇定，不四周张望，不盯着地板、天花板或屏幕<br>·没有持续地看着某些学员，而忽视其他学员<br>·面部表情有亲和力 | |
| 板书是否清晰 | ·讲授内容的重点、关键点和难点，要在PPT中标明；为方便学员理解和深刻认识，在白板中板书并强调，方便学员做笔记<br>·板书字迹工整、清楚，大小适中 | |

表1-9 授课反馈表

| 日期： | 课程： | 目标学员： |
|---|---|---|
| 优（今天课程表现亮点的部分）： | | |
| 改（今天课程表现不足的部分）： | | |
| 创（今天课程中的灵机一动）： | | |

## 总结

本章和大家分享了一些基础的培训认知的内容，包括企业和内训师两个方面。在企业层面，即对培训常见的认知错误，以及该如何进行培训过程管理，管理好培训前、中、后；在内训师层面，即哪些人更适合成为内训师、内训师的能力成长模型，以及如何进行自我修炼。

成长小故事

## 误打误撞进入培训圈

如果生命是一场即兴表演，我扮演的就是一位步伐不停的奔跑者，凭着鲜活的、燃烧的激情，一路收获所有的不期而遇。在进入培训领域16年后，此时此刻，我终于有机会驻足回望，以当下更成熟专业的视角，重新审视当年那个初出茅庐、青涩真实的自己。

那一年，我刚入职几个月，突然被通知去参加公司的一个竞赛。其实自始至终我也不明白当年领导为什么会派我去，大概是要给新人一些锻炼的机会，又或是看我太闲了，反正我就莫名其妙地去了，又莫名其妙地抱了个一等奖回来。貌似这样描述公司竞赛很儿戏，但事实上，在知道自己要去参加比赛到集训学习结束，我每天都在和公司的各种业务死磕。面对比我有工作经验、有业务能力的竞争对手，或许无畏的勇气和不服输的倔强才是我获胜的秘诀。

竞赛结束后，工作终于恢复平静，可谁会想到老天真正送我的大礼包才刚刚到来。公司领导决定让这次竞赛获得名次的员工参加内训师选拔，以扩充内训师队伍，需要每个人准备一个15分钟的PPT进行试讲。我再一次进入焦虑状态。要知道那年是2003年，Office 2003还没有面世，拷贝资料用的还是3.5寸软盘，网上更没有这样那样的资源与教程。其实我都记不清当年用的PPT是什么版本了，只记得15分钟的课件，我花了一周多的时间，天天琢磨到半夜才整理出来。那次选拔，我的表现并不好，当时公司的录取线是80分，我只得了70多分。可最终却因为整体人员表现都一般，公司下调了录取线，就这样，作为一名入职不满一年的新人,我就这么误打误撞进入了内训师队伍。

我时常会感觉自己是被一双看不见的手推进培训领域的,所以总是期勉自己努力为这个领域做出贡献。就这样,我带着强烈的使命感,披挂着勇气、毅力、耐心,义无反顾地上路了。

加入企业内训师队伍成为我人生中的一个转折点,多年后读到《刻意练习》时,我禁不住又一次感慨自己的幸运。当时公司培训中心的佟永洁及多位"大牛"老师成了我们的导师,他们用其在培训领域的专业化和国际化的视野,为公司引进先进的培训理念、工具与版权课程,保障企业内训的质量;为内训师队伍规划成长路径及提供练兵机会,提高内训师的见识与能力,带领着我们少走了很多弯路。

总结一下我初入内训师队伍的几个关键词:平台机遇、导师引领、好运爆棚、自身勤奋。多年之后,和我的一位朋友聊天,他说我算是企业内训科班出身的。刹那间我有些恍惚,当年的培训中心仿佛一下变成了魔法学院,而佟总化身成为邓布利多校长,虽然开往学院的火车已经停运了,我依然怀念那段美好的时光。

## 第二章
# 构建课程：言之有物，言之有序

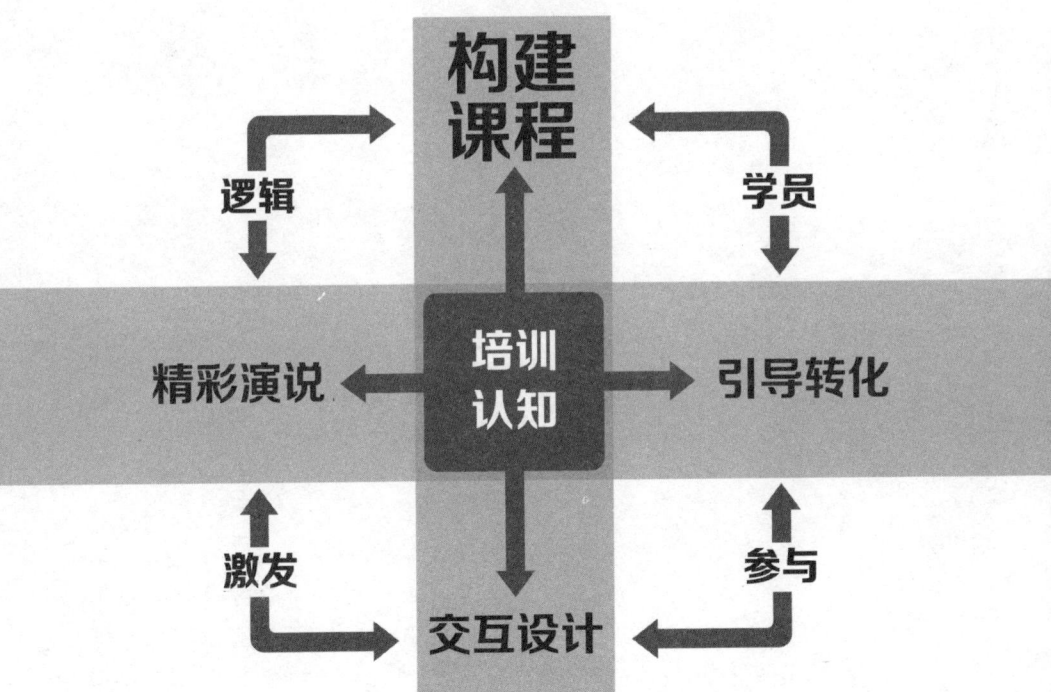

目前企业内训最大的挑战就是如何输出高质量的课程内容，很多内训还只是停留在把 Word 文件、通知转成 PPT 格式，给学员读一遍的宣贯式、填鸭式培训，根本不考虑学员的接受效果，导致这个过程对台上、台下都是种煎熬，大家只是完成了一次必须讲、必须听的任务而已。这种培训做多了，只会让学员越来越反感培训，因为它没有价值，纯粹是浪费时间。一旦学员形成抵触情绪，培训就会越来越难推进，最后培训纪律只能依靠考勤、通报来强制管理，效果可想而知。

本书并不讨论如何从无到有地开发课程内容，只涉及如何将现有的材料进行筛选、整理，形成一套逻辑清晰的培训材料进行授课。本章的核心就是搭建课程的魂与骨。

## 一、好课程的三个标准

好课程的标准即"三有"：有用、有效和有趣（见图 2-1）。有用是基础，也是课程的出发点，即明确为什么要做这门课，希望通过这门课解决谁的什么问题。有效和有趣是对等要素，有效从有用出发，展开有针对性的逻辑内容，对必要的学习内容进行结构性的梳理；有趣是针对教学方法的，它支持培训现场并达成有用的目标，是课程成熟度的体现，也可以把有趣理解为"催化剂"，加速学习的发生。

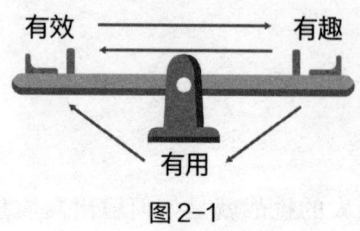

图 2-1

如果跷跷板没有基础,那它就是块木板,玩不了了。一门课程如果不能给学员带来价值,那就是浪费大家时间,是"谋财害命"。如果两边重量相差悬殊,也玩不了。课程如果过于重视有效而忽略有趣,就会枯燥乏味,让学员难以集中精神听课;课程如果过于关注有趣而忽略有效,就会过水、浅薄,下课时问下学员记住了什么,学员说"老师讲的那个笑话太好笑了""老师讲的那个游戏真好玩",就真上了一堂"假课"。

那么这"三有"具体包括什么?

## (一)有用之魂:课程存在的价值

有用就是要确定一个问题:要通过授课,解决谁的什么问题?内训师在整理课程时,往往发心特别好,"难得讲一次课,最好谁都能听"。但这种"一人得病、全家吃药"的培训往往让课程缺乏针对性。

成人一大学习特点就是"只学自己需要的内容"。就像新买一部手机,你会什么时候看手机使用说明书?一般都是不会使用的时候,甚至更多人说不用看,上网搜关键词就可以了。课程并非大而全就好,学员坐下听课,发现讲的内容与他们无关,他们的注意力会迅速发散。

我之前把自己开发的课程叫作"产品思维打造精品课程",就是建议内训师在整理课程时要有产品思维,无问题不培训。你越了解"目标客户"的痛点、高频、刚需,你的课程越能解决学员的问题,课程的价值就越大。

## 1. 定目的

希望通过培训缩小的差距点是什么？是岗位达标、绩效提升还是战略需要？

（1）岗位达标往往是帮助新员工或转岗员工胜任岗位的培训，培训需求非常纯粹，就是"知道岗位要我做什么，怎么做"，学员水平也比较一致。所以关键是分析岗位任务，拆解相关能力，设计衡量达标标准。

（2）绩效提升要分辨真伪培训需求，即绩效差距是因为目标学员能力不足导致，而非管理问题导致。例如，我之前给民航系统的内训师培训，有位内训师想开发一门确保飞机落地半小时内完成各项检查、准备的课程，但通过分析了解到目前大家不能在半小时内完成这些工作，不是因为不会，而是因为目前的检查考核不严格。那么这门课程就没有整理的必要了，因为即使整理成课，讲多少遍也很难改变结果。关于绩效提升的需求确定，可以根据表 2-1 进行分析，如果是左边的就继续，如果是右边的就放弃。

表 2-1 造成关键绩效差距的原因

| 可以继续 | 可以放弃 |
| --- | --- |
| 缺少知识：<br>·他们不知道相关的信息<br>缺少技能：<br>·他们不知道如何操作<br>·他们不知道如何提高成效的窍门<br>缺少动机：<br>·他们不理解背后的原因 | 缺少数据、信息和反馈：<br>·他们不知道自己做得好不好，缺乏反馈<br>缺少资源、流程和工具：<br>·缺少做事必要的工具、系统支持<br>·存在大量烦琐、低效的流程<br>缺少激励和奖励：<br>·大锅饭、管理不公平，多做无益<br>·绩效考核导向有问题，要 A 而考核 B<br>不良工作环境导致问题：<br>·管理者不当的管理行为<br>·团队人际关系氛围的恶化 |

(3) 一般内训很难独立满足战略需要，如果由内训师执行，也会有更高的标准与要求，本书不再过多进行介绍。

### 2. 定学员

确定了课程目的及要改善的方向，接下来要确认的是目标学员画像。画这幅画像关键要明确三个问题：

(1) 目标学员的岗位：确保讲的内容能用上。

比如讲通用课程"时间管理"，员工的时间管理与管理者的时间管理是不同的，员工层面的时间管理更多是教个人如何分析工作，匹配时间，制订计划，提高个人工作效率；而管理层面的时间管理更多是讲如何有效进行授权、进行员工辅导等重要但不紧急的事，以减少救火式管理，提高团队工作效能。当你能细分到学员岗位，站在其岗位的角度来设计课程内容，减少出现其用不到的内容，课程的针对性就体现出来了。

(2) 目标学员的学历及工作年限：确保讲的内容能理解。

我个人的习惯是把学员的工作年限分为三个阶段：1年以内的新人期、1~3年的成长期、3年以上的成熟期。好的课程内容一定是高于学员认知的，但又不会超越太多。通俗点讲，就是不要把学员已知的东西再给其讲一遍，也不要把适合大学生听的课拿来给中学生讲。1年以内的新人面临的问题往往比较基础，在授课内容上要减少术语，多举例帮助其理解；成长期员工的问题就比较复杂，对其授课不再需要解释术语，更多应放在特例的处理和实战上；成熟期员工的问题往往和态度有关，和做事能力无关，需要在课程中有更多引导性的设计，激发他们的主观能动性，帮助他们挖掘、整理出经验宝藏，让他们获得更多的成就感。

(3) 目标学员的年龄：讲的形式能适合。

"60 后""70 后"学员的学习习惯比"80 后""90 后"学员传统些。越是年轻的学员越喜欢参与感强的课程，他们希望自己不仅有所成长，更能有所表现，得到他人的认可。而大多数"60 后""70 后"的学员更喜欢做课堂上"安静的美男（女）子"，专心听讲，认真记笔记，希望老师不要老叫他们起来回答问题，他们更喜欢集体讨论。

一门课程最害怕就是高手、菜鸟混编，就高——新手听不懂，就低——高手觉得浪费时间。这和内训师的授课能力无关，而和培训组织的能力有关。现在的培训安排多是工业化批量生产的习惯，好像人一定要来得满满的，培训一次才划算。但真正有针对性的课程一定是小班授课，几个人或十几个人一个班，解决其共性问题。企业内训尤其不要在学员安排上这么偷懒。

## 总结

定目的＋定学员＝确定培训课题，例如：客服专员疑难投诉处理技巧、客户经理客情关系管理、高效能人士的七个习惯。定了课题，就相当于孙悟空给唐僧画了一个圈，"无论如何不要出圈"，后面的课程内容整理都要在圈内完成，出圈就是跑题了。

## （二）有效之骨：课程逻辑的搭建

让课程有效的关键是基于场景任务的训练。课程内容整理首先要区分学院派和任务派。什么叫学院派？就是一上来就讲重要性、意义、概念、模型、操作要点。讲完了，你发现学员在培训的场景下看似理解掌握了，回到工作岗位就不会用，因为学员需要自己举一反三地应用这些概念、方法，这实际上很有挑战性。知易行难，所以很多学员学归学，一回工作岗位就被打回原形。任务派就是贴合学员的应用实际，不再死板地讲一堆理论，而是直接关联学员的应用场景，就讲在这个场景下该如何操作。实际上教的操作方法当然融入了概念、模型，但不再考验学员举一反三的能力——内训师早就把相关理论、原理融会贯通在具体的应用场景下了。化繁为简，这才是老师价值的体现。

**1. 定任务**

定任务即根据课题确定挑战性场景。

什么是场景？场景就是"特定的时间、特定的地点、特定的任务、特定的事件构成的一个画面"——《场景革命》。我理解的场景化就像一个烤箱，做面包是一个场景，换成做烤鱼就是另一个场景，虽然使用的载体都是烤箱，但使用的方法和流程都是截然不同的。放在课程内容整理上，就是根据目标学员的岗位，分析其特定时间、地点、任务和事件，构建一份场景地图，有了场景地图，基本的课程框架就出来了。例如保险公司的销售课程，会教保险人员把保险卖给职场人士、家庭妇女、公务员、孩子父母等不同情景中不同的销售技巧。

在分场景时，一般有5种常用的方法，即根据人、流程、空间、维度和问题来进行区分。例如：

（1）按人分：普通客户、集团客户、VIP客户。

（2）按流程分：班前、班中、班后或项目前、项目中、项目后。

（3）按空间分：车间、仓库、展厅。

（4）按维度分：找到2个关键轴线、区分4种情况等。例如情境领导中（见图2-2）：能力强意愿也强的、能力弱意愿强的、能力强意愿弱的、能力弱意愿也弱的。

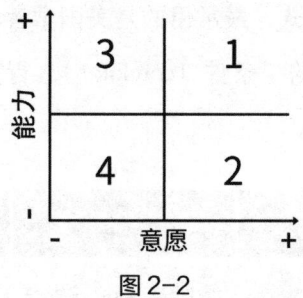

图 2-2

（5）按问题分：如会议的四大问题——会而不议、议而不决、决而不行、行而无果。

你选择的场景越贴近学员的实际应用，学习效果越容易被迁移，学员越有可能在工作中实际应用。如果场景拆分内容非常多、非常细，很难在一次培训中全部解决，这时就要根据目标学员的画像选择其当前最需要解决的痛点场景。

## 2. 定目标

定目标即根据不同的场景任务制定相应的培训目标。

这里的目标设计主要是基于二级评估的。在前面介绍柯氏四级评估时，我们已说明了培训目标设定的重要性，它可以帮助内训师明确课程主次，根据目标对学员进行有效辅导，使其最终检验、考核过关。

根据场景任务确定课程目标，即计划通过培训使学员最终达到何种水平？知道、会做还是愿意做？这就是基于知识(knowledge)、技能(skill)和态度（attitude）的目标设计，以便在培训结束时对学员掌握情况进行检验、考核。特别要注意的是，认知类的内容可以通过笔试、竞答来检验，操作类的内容必须通过实操、模拟来检验。现在有些企业的培训评估过于僵化，不管什么类型的课程最后都考试。如果是学习游泳，最后笔试得了 100 分，就说明其会游泳了吗？

关于目标设定的格式，最常用的是美国学者马杰在他的《程序教学目标的编写》中提出的"条件（condition）、行为（behaviour）和标准（degree）"（见图2-3）。

| 在××条件下（可选） | 做出××行为 | 达到××标准 |
|---|---|---|
| 在情景模拟下 | 对投诉客户进行安抚 | 符合投诉处理五步法 |
|  | 能说出 | 客户投诉的常见类别 |

图2-3

## 总结

定任务 + 定目标 = 课程结构图，即明确了要教什么、教到什么程度。

### （三）有趣之肉：课程形式的匹配

以往我们一听到"有趣"，就会想到段子、游戏，可现在的学员越来越理性了，他们并不希望被这些无关紧要的内容占用授课时间。所以有趣应该是设计可以学习体验的内容，即根据成人学习的特点，用不同的教学方法丰富课堂体验，让学员可以更主动、更高效地达成培训目标。

#### 1. 定形式

美国视听教育家戴尔提出了"经验之塔"（cone of experience）的理论（见图2-4），让我们看到越是设计能让学员参与进行来的环节，他们就越会通过直接体验使理解更精确、掌握更扎实；如果只是让他们听或看，这只是一种间接体验，即使他们表面上理解了，到实际操作时，仍然会出现迷茫、困惑的情况。

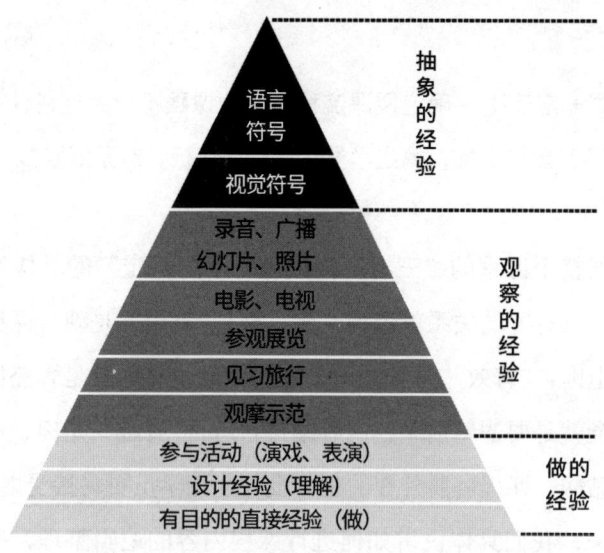

图 2-4

在培训中我经常和内训师们开玩笑说:"如果是操作类的培训,你只是讲一讲,并未让学员进行练习,那么你就是把自己的口水约等于圣水,你一喷学员就会了。但如果你的口水真有那么灵,你估计也不做培训了,找个庙待着,等香火更好。"

定形式的能力实际是内训师对教育理念、教学技术掌握的体现,而以往很多 TTT 的培训更倾向于对演讲表达能力的训练,我们将在第三章"交互设计"中分享更多的教学技术。

### 2. 定节奏

有句很有意思的话,"人生就像心电图,如果你想风平浪静,除非……"这句话放在课程上仍然成立。一门课程一直嗨或一直沉闷,都会让学员崩溃,最佳的课程节奏应该是可以根据学员的精力状态进行内容、时间分配,同时考虑到不同的教学方法对学员情绪起伏的影响的。

# 总结

定形式 + 定节奏 = 确定授课流程，好的课程不仅关注讲什么，更关注怎么讲，"不管黑猫白猫，搞定学员达成培训目标，就是好猫"。

我们把整个课程的"三有"构成进行了"六定"的具体拆解（见图2-5），这"三有"的关系就像魂、骨、肉。"有用"是魂，课程没有魂就成了行尸走肉；"有效"是骨，一个人四肢健全靠的就是骨骼健全，课程的骨骼健全就是要逻辑清晰、内容编排合理；"有趣"是肉，没了肉就成了吓人的骷髅，课程需要外在的包装设计，让学员更易接受内在的内容。

接下来，我们具体讲讲如何进行课程内容的逻辑整理，确保课程有用又有效。第三章则具体讲如何添加血肉，增加课程的有趣性。

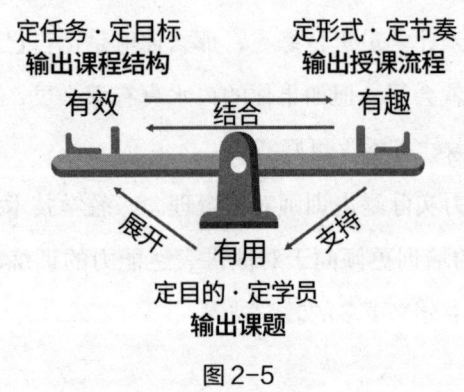

图 2-5

## 二、快速构建课程框架的四个步骤

快速构建课程框架，结合有用与有效的"四定"要素完成课程结构的搭建，可以根据下列步骤尝试着进行操作。

## （一）步骤一：明确课程开发主题

有一个人在树林里走，发现不少树上都挂着箭靶，有很多箭都正中靶心，他越走越惊奇："哇，这是个高人呀，百发百中。"于是他决定去找这位射箭的高手，想要拜师学艺。结果真让他遇见了，那个射手正在射箭。他赶忙上前作揖，说道："大师，你太厉害了，竟然能够百发百中，我想拜你为师，可否？"那个射手不好意思地挠挠头："百发百中很简单呀，先把箭射出去，再去把靶子画上就行了。"

可能故事会让人觉得很好笑，但有多少内训师在整理课程前，是真的了解目标学员的问题、需求的？还是像这个射手一样，乱射一气，希望蒙对一个是一个？为什么很多内训师整理出来的课程，结构非常臃肿？就是因为他们不了解目标学员的问题，对课程定位不清晰，只能寄希望于内容覆盖面大些，蒙中的概率也高些，但这样很难做出有价值的课程。内训师其实是很方便了解到目标学员的实际问题和需求的。正如图2-6所示，内训师应多接近学员，问问他们在工作中的困惑和想法，相信可以收获很多灵感与思路。

图2-6

根据对培训切入的目的及目标学员的分析，聚焦课程题目。注意题目不要大而泛，例如，"服务管理"这个课题就太泛，可以进一步细化成"大堂经理的网点服务管理技能提升"，让学员看到课题就知道你要对谁讲什么。当然你还可以在此基础上设计一个主标题，比如"打造金牌网点——大堂经理的网点服务管理技能提升"。不要小看课名，它既是整个课程的核心体现，又是最早对学员进行破冰的利器，课名中体现对学员的利益，可以更好地激发学员认真听课的动力。

### 思考

试着给你要整理的课程起个课名，把它写在下面的实线方格内。

### （二）步骤二：罗列相关信息

接下来围绕课题开始罗列学员问题，细分学员应用场景，并结合自我修炼中的学、思、行三个维度来进行内容收集。这个阶段更像一个脑力激荡的过程，不需要考虑哪些问题是重要还是不重要，这就是一次信息的输入，输入越多，可选范围就越大。如果是个人整理，可以用思维导图工具进行罗列；如果是几位内训师一起整理，可以把想到的都写在白板上，更加直观、醒目。

比如网点服务管理课程我们能想到的问题包括：

（1）现存问题类：厅堂卫生、厅堂设备、厅堂环境、员工服务标准、排队管理、排班管理、不满客户处理、投诉客户处理、突发事件管理、安全管理……

（2）公司要求类：以客户为中心、快速响应客户需求、帮助客户解决问题、持续提供优质服务、可视化管理、满足客户期待……

（3）与课题相关的新概念：触点管理、峰终定律、服务价值塑造、服务蓝图、行为区隔体现差异化、期望值管理、退让方案、影响客户消费心理的技巧……（此层面与内训师平时的学习积累有直接关系。）

## （三）步骤三：分类、筛选，搭建框架

分类、筛选其实是两个步骤，有两种思路：一种是根据任务内容进行分类、筛选，一种是根据知识点进行分类、筛选。

### 1. 根据任务内容分类、筛选

先分类，即将罗列信息的内容由下向上进行归类，合并同类项。不过这种合并没有标准，不同人的合并结果会有区别，这也是不同的内训师开发相同的课题，但整理出来的课程结构差异非常大的原因之一。检验分类是否合理，首先要看是否符合大众的认知习惯。下一节我们会讲到逻辑检验的工具。

我们把上述服务管理罗列的内容进行合并，分为：

（1）厅堂环境：厅堂卫生、厅堂设备、安全管理、排队管理。

（2）服务蓝图：触点管理、峰终定律、客户期望值管理（合并客户期待）。

（3）员工服务标准：快速响应客户需求、帮助客户解决问题、持续提供优质服务。

(4)员工管理:排班管理、可视化管理。

(5)客户销售管理:影响客户消费心理的技巧、退让方案。

(6)异常情况处理:不满客户处理、投诉客户处理、突发事件管理。

(7)服务价值塑造:以客户为中心、行为区隔体现差异化。

然后进行筛选。再次回顾我们的课程标题,将所有分类内容进行筛选。筛选依据为一级内容——最支撑主题的内容留下;二级内容——次要支撑主题的内容视培训时长决定是否留下,如时间紧张可打印成阅读材料发给学员自学;三级内容——不支撑主题的内容就是课程中的"噪声",要毅然决然地删除,这类信息越多,越会吞噬有限的培训时间,使培训目标无法达成。

例如"打造金牌网点——大堂经理的网点服务管理技能提升",根据目标学员的高频、痛点和刚需,大家亟待提升的是服务价值塑造、服务蓝图及异常情况处理。其他内容对目标学员要么是老生常谈,要么并非痛点,像员工服务标准明显就不是讲给大堂经理的内容,可以直接删除。

### 2. 根据知识点分类、筛选

按照表2-2,将知识点难易程度进行层级分类,结合学员现状,进行内容筛选。这种方法更适合进行系列课程或进阶课程设计时使用,对内训师综合要求更高,大家作为参考即可。

表2-2 根据知识点分类、筛选

| 知识点 | 学习内容 | 学员现状 | 学习内容筛选 |
| --- | --- | --- | --- |
| 知识类 | 入门 | 具备 | 舍 |
|  | 中等 | 缺乏 | 取 |
|  | 高级 | 不需要 | 舍 |
| 技能类 | 入门 | 具备 | 舍 |
|  | 中等 | 具备 | 舍 |
|  | 高级 | 不需要 | 取 |

(续表)

| 知识点 | 学习内容 | 学员现状 | 学习内容筛选 |
|---|---|---|---|
| 态度类 | 必备 | 缺乏 | 取 |
| | 高要求 | 不需要 | 舍 |

## （四）步骤四：精练框架易记忆

最后一步，以应用场景来完善课程框架，形成金字塔结构。这个结构就像人体骨骼的 X 光片，每位内训师都要具备绘制自己课程结构图的能力，因为这样可以非常清晰、直观地看出整个课程的逻辑结构，也容易检查出课程逻辑框架有无问题。

需要注意的是，不管讲多久的课程，结构图每一级的分支数量应尽量控制在 3~5 个，太多的分支会造成学员的记忆负担，甚至有些内训师自己都记不准。

例如，"打造金牌网点"经过整理的课程结构，每一级内容字数统一，也会增强结构图的清晰度（见图 2-7）。

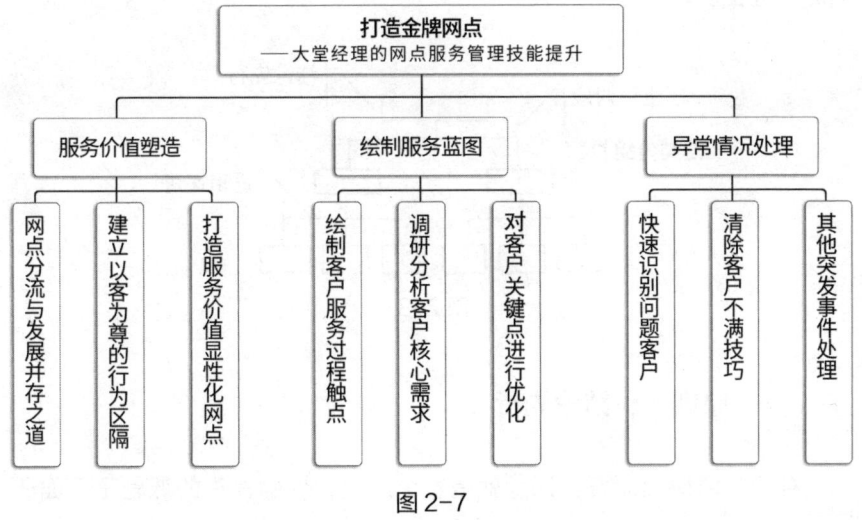

图 2-7

> **思考**
> 试着将你的课程结构图画在下面的虚线方格内。

## 三、检查课程框架逻辑问题的四个原则

从决定主题到罗列信息、分类筛选,最后提炼框架,我们一步步搭建出自己的课程框架,但这个框架是否合理?有无逻辑问题?还需要一些工具来帮助检验。这个检查工具就是金字塔原理中的四个基本原则(见图2-8),在我看来,内训师能够把这四个原则应用娴熟,逻辑方面就能改进良多。

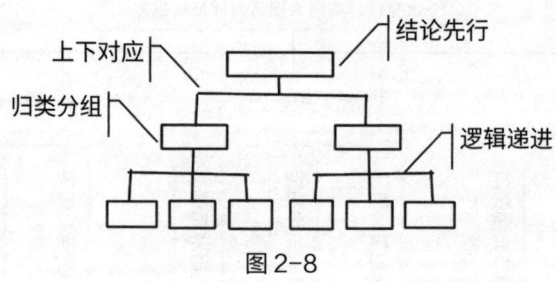

图2-8

### (一)原则一:结论先行

对于一门课程而言,课题就是整个结论,要确保你的课题是下面所

有分支内容的概括。

这个原则主要对应三类错误：一是题不达意，以致别人看了课题也不知道你要讲什么；二是题目太大，内容太小，比如题目是厅堂服务管理，内容只讲厅堂展板陈列；三是题目太小，内容太大，比如讲厅堂服务礼仪，内容却还有用餐礼仪、用车礼仪。

### （二）原则二：上下对应

上下对应原则，即上面内容是对下面内容的概括，下面内容是对上面内容的支撑。可以把这个原则理解为家谱，上下对应的是父母和孩子，就不会出现乱记家谱的情况。

这个原则对应的问题是某一层级内容下出现了不属于该层级的内容，或者漏掉了本该属于该层级的内容。

### （三）原则三：逻辑递进

人们一般对无规律的内容很难记忆，所以要找到排列内容顺序的规律是什么。常见的课程逻辑包括：流程逻辑（班前、班中、班后，第一步、第二步、第三步），并列逻辑（生产部门、销售部门、支撑部门，产品一、产品二、产品三），由总到分（先主题总览，再分解学习），由分到总（先分解学习，再综合应用），why—what—how，等等。

这一原则主要对应的问题：一是分支设置随意，散而无序，不能清楚解释逻辑如此安排的原因；二是同一级分支内容不在一个层面或不同级别的分支内容位于同一层面。其中，第二种问题是最常见的，比如图2-9，郑州明明应该归属于河南，却和河南并列了。

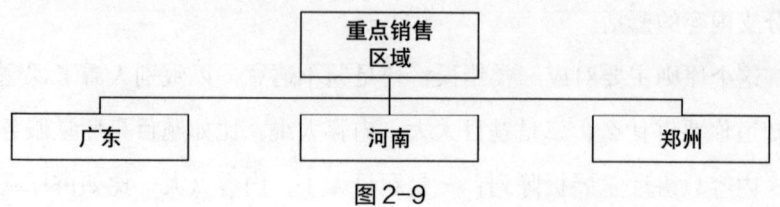

图 2-9

## （四）原则四：归类分组

归类分组是指，属于一个类别的内容就放在一个分支下，不要一会儿在这个章节里出现，一会儿又在下个章节出现，让学员越听越混乱。

## 思考

下面这个课件（见图 2-10）是一位银行内训师提供的，内容没有什么保密要求，课件又很有代表性。

第一遍：先粗略过一下，体会一下对这个课件的直观逻辑感受。

第二遍：找张纸把这个课件的金字塔结构画出来，并用四原则对其结构进行检查。

第三遍：试着改一下感觉有问题的逻辑，可以根据后面提供的参考答案，来检查你对四原则的理解与应用。

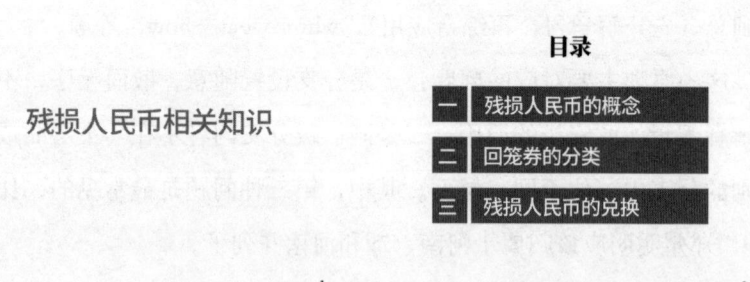

图 2-10

第二章 构建课程：言之有物，言之有序

一、残损人民币的概念

残币

票面撕裂或者票面明显缺失了一部分的人民币

污损

因自然或人为磨损、侵蚀，造成质地、外观受损，颜色变暗，图案不清，防伪功能下降，不宜再继续流通使用的人民币。

不宜流通的人民币

指金融机构、企事业单位在收付、整点人民币时，挑出的那些在流通中由于各种原因造成票面损伤、变色、防伪特征受损等，不宜于继续流通使用的人民币。

不宜流通的人民币的认定标准

- 一、纸币票面缺少面积在20平方毫米以上的。
- 二、纸币票面裂口2处以上，长度每处超过5毫米的；裂口1处，长度超过10毫米的。
- 三、纸币票面有纸质较绵软，起皱较明显，脱色、变色、变形，不能保持其票面防伪功能等情形之一的。
- 四、纸币票面污渍、涂写字迹面积超过2平方厘米的；不超过2平方厘米，但遮盖了防伪特征之一的。
- 五、硬币有穿孔、裂口、变形、磨损、氧化、文字、面额数字、图案模糊不清等情形之一的。

二、回笼券的分类

回笼券分类的标准

回笼券分类的标识

(一)回笼券分类的标准

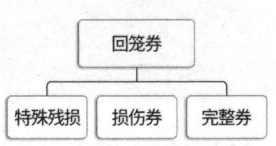

第1种：特殊残损人民币。

图 2-10（续）

57

第 2 种：够半额标准，两张半额粘贴在一起的。

11

第 3 种：纸币票面缺少面积在 20 平方毫米以上的，并符合全额或半额标准的纸币。

12

第 4 种：票面不缺失，纸币票面裂口 2 处以上，长度每处超过 5 毫米的；裂口 1 处，长度超过 10 毫米的。

13

第 5 种：票面完整，但污损严重尚能辨别真伪的纸币，纸币票面污渍、涂写字迹面积超过 2 平方厘米的；不超过 2 平方厘米，但遮盖了防伪特征之一的。

14

第 6 种：票面完整，纸质较绵软，起皱较明显，脱色、变色、变形，损害票面防伪功能之一的。

15

第 7 种：宜于流通纸币。

16

纸质挺括，无裂口，有轻微的折痕或污损。

17

纸币缺失面积小于 20 平方毫米。

18

图 2-10（续）

## 第二章　构建课程：言之有物，言之有序

(二)回笼券分类的标识

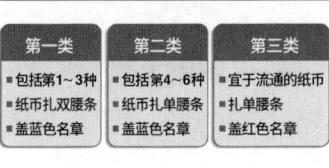

三、残损人民币的兑换

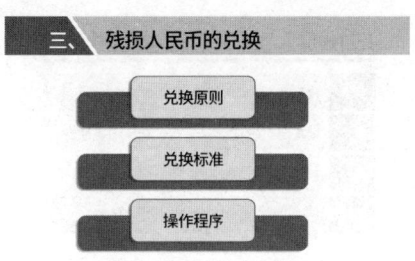

(一)残损人民币的兑换原则

| 01 | 按标准兑换的原则 |
| 02 | 保护兑换人利益的原则 |
| 03 | 不得推诿的原则 |

(二)残损人民币兑换标准

| 残缺、污损人民币特征 | 兑换标准 |
| --- | --- |
| 票面剩余四分之三以上 | 全额兑换 |
| 票面剩余二分之一至四分之三 | 半额兑换 |
| 票面剩余二分之一以下 | 不予兑换 |

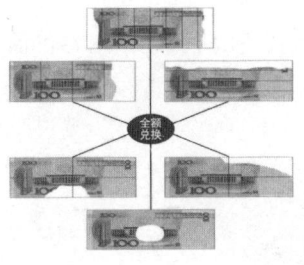

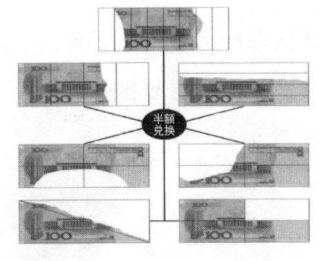

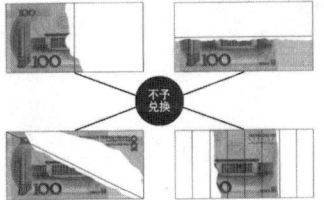

(三)残损人民币兑换业务操作程序

| 第一 | 逐张观察真伪 |
| 第二 | 观察票面连接状况 |
| 第三 | 向持有人说明认定的兑换结果 |
| 第四 | 向持有人支付相应金额的完整券 |

图 2-10（续）

图 2-10（续）

不少内训师理解别人的课件时，往往不是检验逻辑，而是融入自己的理解，进行再次创作。对于课程逻辑的构建，"一千人眼中有一千个哈姆雷特"，没有好与坏，只有顺与不顺。这个练习的重点在逻辑是否合理，而非内容。同时，不要把注意力放在 PPT 美化上，只有外行才会用美观度来评估课件的好坏。内行看门道，对一门课程的评估，由外而内的评估顺序分别是，PPT 美化、逻辑清晰、互动设计、内容价值与培训目标是否达成（见图 2-11）。

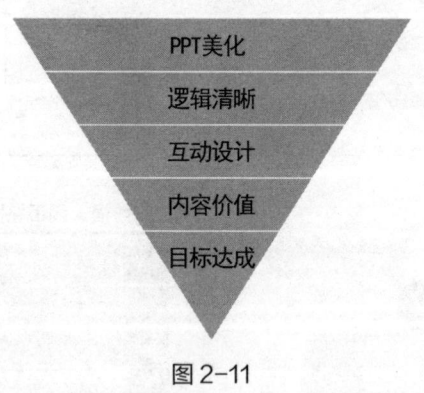

图 2-11

参考答案：

根据四原则理论，出现的问题有以下几个方面——

第二章　构建课程：言之有物，言之有序

问题一：

课件第 7 页（见图 2-12）不属于概念家的"孩子"，而且与第二章"回笼券的分类"内容重复，违反了上下对应与归类分组两个原则。最简单的调整方法就是把这页删除。

**不宜流通的人民币的认定标准**

- 一、纸币票面缺少面积在20平方毫米以上的。
- 二、纸币票面裂口2处以上，长度每处超过5毫米的；裂口1处，长度超过10毫米的。
- 三、纸币票面有纸质较绵软，起皱较明显，脱色、变色、变形，不能保持其票面防伪功能等情形之一的。
- 四、纸币票面污渍、涂写字迹面积超过2平方厘米的；不超过2平方厘米，但遮盖了防伪特征之一的。
- 五、硬币有穿孔、裂口、变形、磨损、氧化，文字、面额数字、图案模糊不清等情形之一的。

图 2-12

问题二：

第二章"回笼券的分类"的逻辑非常混乱，相互交叉重叠（见图 2-13），需要重新整理出三个分支进行归类（见图 2-14），更符合操作习惯。

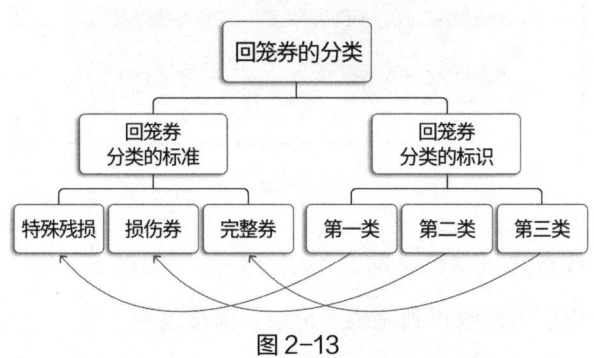

图 2-13

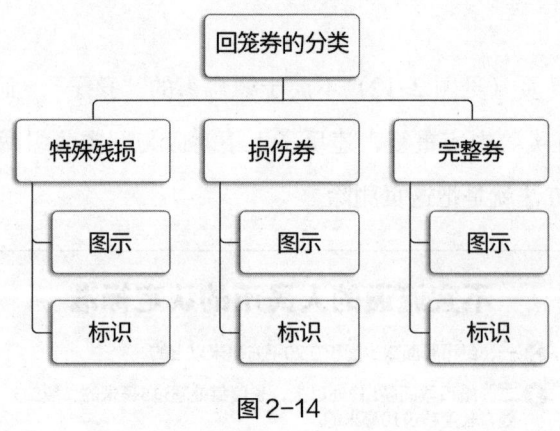

图 2-14

问题三：

课件第 3 页指出"残缺＋污损＝残损人民币"，但第 22 页的残损人民币兑换标准中只有残缺，没有污损，违反了上下对应的原则（见图 2-15）。

## （二）残损人民币兑换标准

| 残缺、污损人民币特征 | 兑换标准 |
| --- | --- |
| 票面剩余四分之三以上 | 全额兑换 |
| 票面剩余二分之一至四分之三 | 半额兑换 |
| 票面剩余二分之一以下 | 不予兑换 |

图 2-15

综上，改过之后本课件的金字塔结构的逻辑框架如图 2-16 所示，三个章节从识别到回收再到兑换，形成了流程逻辑。

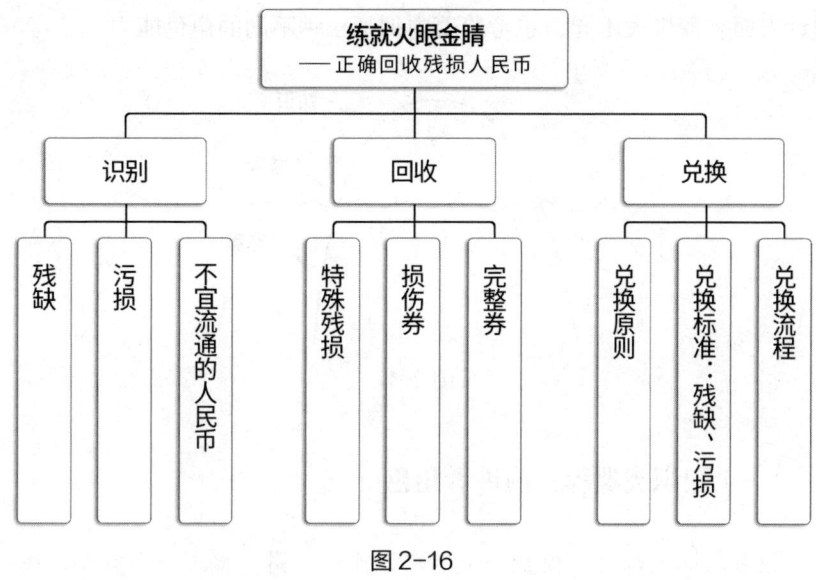

图 2-16

## 四、三大课程类别要求内训师具备三种角色能力

到目前为止，课程的骨骼已经搭建，在进入包装血肉（授课形式）之前，我们介绍一下培训内容的三大分类：知识类、技能类和态度类。前文提到过，培训只能解决与人行为挂钩的问题，比如不知道、不会做，以及不愿意做，而且这里的不愿意，往往是因为认知缺失导致的不愿意，比如不知道学这个内容带给自己的价值，或者本位主义，只站在自己的立场考虑问题，视角狭隘导致的问题。

我们把这三类内容套用在冰山模型上（见图 2-17），看似最易培训的是知识类的内容，目前企业大多数的培训都是知识类培训；最难培训的是态度类的内容，因为态度源自员工内心，企业往往搞不清楚员工为什么不愿意；我们把技能类的培训放在最后说。这三种课程不但在授课设计方面有着极大不同,也考验着内训师三种不同的角色能力。

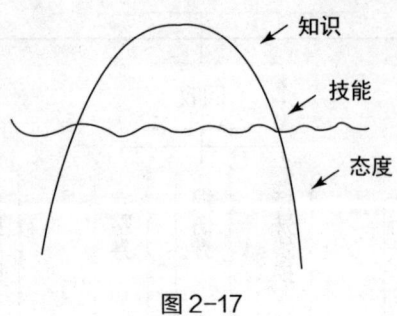

图 2-17

## (一)知识类课程:演讲者角色

很多内训师都会觉得知识类的培训比较好讲,整理一下资料,按照素材内容复述一遍就完事。但实际上那只是宣贯,甚至都不能称为培训。要想把知识类的培训做好,需要内训师具有比较强的表达能力,能够理性、感性相结合,对枯燥的内容进行生动化的讲解。比如,《百家讲坛》节目就是典型的知识类课程,能受大家喜爱的老师往往能够结合大量故事,把枯燥的内容讲活。

谈回培训,这几年微课越来越火,因为微课最容易取代的就是知识类的培训。微课制作时间短、传播速度快、覆盖范围广,上午制作,下午就可以发送全员。同时,也不需要浪费更多的人力、物力、财力把大家集中在培训现场,老师再像鹦鹉学舌一样一遍一遍给大家复读。学员完全可以利用碎片化时间,了解需要的信息,对没明白的或感兴趣的地方,还可以多听几遍,大大提高了培训效率。这就是技术改变所带来的行业变化,规范、便捷又实惠。

微课可融入混合式学习设计、翻转课堂设计等,只是其设计思路和传统课程的设计思路有着本质上的不同,不能简单将其理解为把线下课程切割成好几段，录制放在线上，故本书不具体展开介绍。

### （二）态度类课程：引导者角色

在这三种类型的培训中，态度类的培训是最难讲授的。因为态度类的培训更多要引发学员扩展视野、换位思考，以触发其情绪上的共鸣，从而通过意识的转变带动行为的转变。也就是说，态度类的课程最考验"走心"效果，其挑战在于"走心"走在表层还是深层。

之前我碰到一位开工厂的朋友，他告诉我他前段时间请了一位老师来给厂里的员工讲感恩企业主题的培训，说"那位老师讲得特别好"。我就问他："你判断那位老师讲得好不好的依据是什么？"朋友说："哎哟我的天，都把我给讲哭了，讲得太好了！"我瞬间很无语。大家参加过类似培训的话，就会发现很多时候培训现场打的鸡血、喝的鸡汤，听的时候头脑发热、浑身干劲，冷却后就无动于衷了。如果不能促进未来行动的转变，就属于表层走心，就很容易出现"上课激动，下课松动，回家后一动不动"的状况。

我对态度类课程的设计要素，来自两件事的启发。

第一件影响我的事，发生在我报考"二级心理咨询师"之后。这门考试设置是这样的：上午两门笔试，下午一门实操。考实操就是有几位心理咨询师评委扮演成患者跟我交流，以此来判断我对心理咨询的掌握水平并给我打分。考试前我最不担心就是实操考试，因为我当内训师都有好多年了，觉得自己在语言表达、沟通方面还是可以的。没想到考试成绩出来之后，我的实操考试分数最低，刚刚60分。我不能理解为什么分数这么低，于是那段时间我经常参加一些心理咨询师的沙龙，向专业心理咨询师讨教。记得当时有位老师说我最大的问题就在于我"太能说了"。她问我有没有想过什么样的人容易心理出问题，她说："有心理疾病的人，往往不会因为一件事就病了，其得病通常是一个长期的过程。刚开始时的问题就是缘于'说不出口、无人倾诉'，慢慢地问题越积越多，就像有一摊腐水在心里腐烂发酵却又无处疏导，后来腐水越来越多，扭曲了他的正常认知。他们找心理咨询师治疗的目的是建立信任，打开通道，让自己愿意把腐水倒出来。心理咨询师在患者倾诉的过程中，找到其关键的问题点，做出有针对性的引导，从而调整其看问题的角度，改变他的心态。而你做的与正确的方法正相反，不但没给患者挖沟疏通，反而不断地给他添砖，拿大道理堵他，把他的问题越堵越严重了。"

与她聊完我领悟到，培训师做态度类培训的时候，善言的长处很可能会成为短处，因为在态度类培训中，培训师不应该是一个侃侃而谈的人，应该是一个引导者。也就是说，现场的主角一定是学员。内训师可以在自己的课程当中设计案例、视频、问题或讨论，用这些工具撬开学员的嘴，让他们能够把心中所思所想倾诉出来，学员倾诉本身就是深度思考的过程。

第二件影响我的事情，我看了一部保护动物的公益短片《当地球被野兽统治》。说实话，自从看了这部短片，我再没买过皮草，就是因为总会想到片尾那个小姑娘可怜又饱含恐惧的眼神。这部短片让我理解到，要想改变一个人对事物的看法，快速有效的做法就是让他能够换位思考。经典课程"MOT 关键时刻"就是通过多种视角的案例视频帮助学员反思在维护客户关系方面，竞争对手与自身的区别行为造成的不同结果，从而使学员能站在更高的角度看待服务与业务的关系，心甘情愿把学到的技巧应用到工作当中。

判断态度类的课程设计得是成功还是失败，关键看三步。第一步：是否设计了帮助学员进行角色转换的情景，可以是案例、视频、情景剧，帮他们从新视角代入。第二步：是否让他们有机会讨论、分享。要知道，每个人都是对自己说的话最认同、印象最深刻的。内训师在这个环节要克制自己的表达欲，学员参与的投入度与思考的深度将直接影响该模块执行的效果，甚至影响整个培训的效果。第三步：内训师进行最后的汇总提炼与拔高，是否能达到画龙点睛、提纲挈领之效果。

### （三）技能类课程：辅导者角色

把技能类课程放在最后讲，是因为对企业培训而言，最有价值的培训就是技能类的培训。

现代管理学之父彼得·德鲁克曾说过："未来发达国家的竞争优势就在于是否能一夜之间将人员培养好。"很多有经验的内训师可能会马上反驳："这怎么可能？！"那么什么样的培训能够一夜之间把人培养好呢？

中国传统教育对于学习讲究一个"悟"字。古时拜师，师傅首先要看这个人的悟性如何，悟性低的人恐怕是不会收的。现在培训，老师们也习惯讲："大家回去好好悟一悟。"这种授课思维对于入门级学员存在三个弊端：一、如果靠一个人的悟性去教他东西，过程是不可控的，他悟了多少，何时悟到，都不是老师能够把握的；二、每个人领悟的角度和深度都不一样，不能确保学员输出的一致性；三、如果要靠一个人的悟性去教他东西，这不是对培训提出了高要求，而是对招聘提出了高要求。

我就遇到过一位内训师，他说自己的课程中有一些"心法"的内容是只可意会、不可言传的。教技巧不是参禅悟道，所谓的"心法"只是说明内训师自己还没把这块内容吃透。

西方的教育很强调工具、方法、流程，说白了，就是把技能操作套路化。像我们现在使用的PDCA、QC、5S、ADDIE、六西格玛等，都是舶来品。西方现代教育模式使用工具化模式，学员只需要按照标准步骤去做，就能够达到合格的水平。内训师在讲授技能类培训的过程中，要更多地给学员方法、工具和流程，帮助其学以致用。

我给大家模拟一门课程，大家来判断这属于哪类授课。比如"沟通技巧"的课，授课是这样进行的：先讲沟通的意义和沟通的价值，然后讲沟通的定位、沟通的模型和成功要素，并举了几个例子。来判断一下这属于哪一类培训？

可能听名字会觉得这是技能类培训，可看完授课流程又会有不少人认为这是知识类培训。判断课程是知识类的还是技能类的，不在于它的课题名称，也不在于它的授课内容，而在于它的授课形式。任何一个技能类的课程必须具备四要素：示范、练习、反馈、辅导。确保学员掌握了应知应会的内容，这才是真正的技能类培训。

技能类课程讲不好有三大原因：一是内训师自己还没把套路整理好，很多经验还处于"茶壶里煮饺子，有货倒不出的状态"；二是不少内训师会把"说过"理解为"教过"，"我不是讲过了，你怎么还不会"；三是内训师自己也操作不了，只是鹦鹉学舌一般把学来的东西直接转向学员，当然不敢示范，怕露馅，这是对学员特别不负责任的表现。

### 思考

表2-3给出几个课名，请判断其分别应该归属于哪类课程，并在对应的方格内打钩。

表2-3 培训课程的三种类型

| 课程名称 | 课程类型 | | |
|---|---|---|---|
| | 知识类课程 | 技能类课程 | 态度类课程 |
| 企业文化 | | | |
| 创新思维 | | | |
| 绩效管理 | | | |
| 情绪压力管理 | | | |
| 销售技巧 | | | |
| 安全生产 | | | |

发现什么问题了吗？很多课程的所属分类的界限并不清晰，好像每种类型的钩犹犹豫豫都可以打上，难道说每门课程里都要涉及这三类内容吗？或者说决定这门课程要按什么类别讲的关键性要素是什么？

答案是学员需求。培训中的一大忌讳，就是把学员知道的再告诉他们一遍。现在的培训一直在强调以学员为中心，要求培训师得明白学员现在的问题点、痛点都在哪儿，平衡学员认知与内容深浅之间的关系。

你可以尝试画一条轴线，上面标注1到10（见图2-18），这条轴线就是你对课程主题了解度。你在给学员定位前，要先给自己定位，即对课程主题理解的深浅程度进行自评，如果分值在5之前，这门课你很难讲好；至少要在8、9、10这个位置，你才有能力驾驭好这门课。接着给你的学员进行定位，判断他们对课程主题的了解程度在哪个位置。

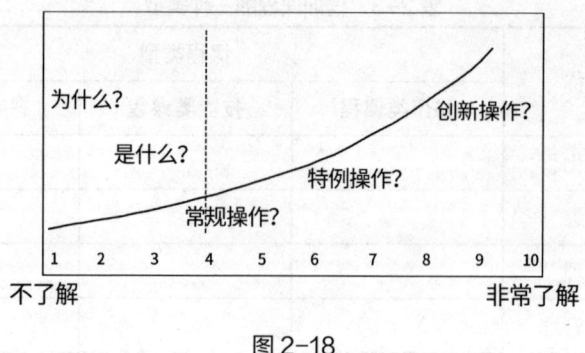

图 2-18

学员定位将会影响你讲的内容和方法。如果你的学员是新人，他们对主题不了解，处在 1 的位置，那么你就从态度类（为什么）的部分讲起，并且把知识类（是什么）讲清楚，再教他们一些技能类（常规怎么做）的技巧，就可以了。至于特例技巧，这时教就早了点，还没学会走，怎么去学跑？如果他们对课程主题已经有了一定的了解，比如说处在 5 的位置，那就不要在态度类和知识类的部分浪费时间了，可以充分设计示范练习实操，包括常规操作、特例操作甚至创新操作，帮助他们更快速地掌握所学。

在准备课程时，要多接触你的目标学员，多询问、观察他们处在哪个位置，有助于你更有针对性地设计课程。比如我曾经给一家企业做培训，中途聊到他们之前做的一个培训，课程并没有解决学员的问题，让人有隔靴搔痒的感觉。当时上的是创新思维课程，学员已经深刻理解到创新很重要，就是想学如何创新。培训师上来讲了好久创新的意义、创新的概念，好不容易该讲到创新的做法了，培训结束了。学员觉得没有收获到想学的内容，这就是典型的与学员需求匹配错位的现象。反之，有些企业也没有真正觉得该创新，就是响应一下号召，赶个流行，那么培训师一上去讲自己的创新课多么实用，工具一学就会，也没有用。因为学员还没有扭转对创新的态度，还不清楚创新到底是什么，这样的课程只会让他们不断质疑：瞎搞什么？创新就是折腾人？干吗要创新？课程一样无效。

所以，一门课程最终要归到哪种类型，不是由培训师决定的，而是由企业需求与学员需求决定的。通过这样一个简单的定位，你就知道课程该如何设计了。

以上三种类型的课程，课后验证也不尽相同。知识类培训可以通过考试来验证，技能类培训要通过实操和演练来验证，态度类培训则通过情景剧或主观题进行验证。内训师在准备课程内容时，除了整理出课程的逻辑框架，还要考虑每个模块是属于知识、技能还是态度。不同的类型用不同的授课方法，设计相应的检验标准。

## 总结

本章主要分享了一门好课程的三要素，分别是有用（定目的、定学员）、有效（定任务、定目标）和有趣（定形式、定节奏）。在构建课程时侧重课程内容的有用和有效，把课程的框架搭建起来。方法为四步骤——确定主题、罗列信息、分类筛选和提炼构架，从而形成一幅课程金字塔结构图。再用结构化四原则对金字塔结构的逻辑进行检查：结论先行、上下对应、逻辑递进和归类分组。检查完后，分析每个模块属于哪类课程，是知识类、技能类还是态度类，不同的模块有不同的设计思路，但怎么讲完全是根据学员的需求与认知水平决定的。

最后建议内训师在整理课程时，不要用内容填满整个培训时间，要学会留白，留给学员参与的时间。一般建议知识类的部分留白20%~30%，技能类的部分留白50%~60%，态度类的部分留白70%~80%。培训并不是内容越多越好，而是学员越有收获越好，让学员充分地参与进来，课程才有成功的可能性。

## 提防骄傲之心

2008年，公司举办了第一届内训师大赛，不出我所料，我拿到了综合管理组一等奖。如果故事一直这么讲下去，大家应该会觉得我是一个应试型选手吧？其实看过第一个故事，你们会发现我2003年进入内训师队伍时，资历和能力还很弱，按照现在对企业内训师的选拔要求，我甚至属于不合格人选。为什么我会说"不出我所料"呢？这几年发生了什么？

其实也没有发生什么神秘的事情，只是我讲课的次数增多了。企业内训最怕的就是原本安排好的课程，内训师突然请假，那就要赶快换老师。我因为一贯不善拒绝，从而获得了大量的上课机会。说实话，我并不知道多讲课能锻炼授课能力。我那时的想法很简单，觉得别人开口了，而周末我的确也没什么事，那就去上课吧。随着授课次数的增加，我在公司内训师的排名渐渐发生了变化，所以我说此次竞赛的结果在意料之中。但竞赛本身不是重点，重点是我通过此次大赛收获了什么。

结果就是，我膨胀了！人总是容易被那些表面的东西迷惑，把光鲜的外表及所谓的才华当作获得关注的资本，从而忽视了本质的东西，那些最值得坚持的东西。我开始觉得自己太厉害了，别说是内训师讲课了，就是外面的培训师来讲课，我也能扬扬自得地挑出其一大堆毛病，认为别人都不行。于是我陷入了成长瓶颈期而不自知。所幸，幸运之神再次眷顾了我，关键时刻，我的导师为我安排了一场重要的学习之旅，及时敲醒了我，让我看清了真实的自己，知道了自己的"不知道"。我发现所谓可笑的自我膨胀来自对自己的低标准、宽要求，让我以为自己已经超越了，可实际是故步自封，夜郎自大。

学习之旅结束后，我立即着手调整自己的目标，把对自己的要求从内训师的标准提升至职业讲师标准。于是，我进入了快速阅读、学习转化的阶段，每年保持近百本书的阅读量。对一个新手妈妈来讲，这不是一件容易的事，我的学习时间基本从每天晚上9点多儿子睡着后开始，到12点左右他第一次醒来结束。经过几年的积累，我发生了质的转变，并用坚持证明了"努力不一定就有回报，但运动与学习除外"这句流行语是真的。

总结一下这一时期的几个关键词：自满停滞、导师引导、重设目标、快速成长。我真切地体验到了"骄傲使人退步"，学会了保持"空杯心态"。此后，每当发觉自己最近成长停滞时，我就会停下来，清空自己的内心，去接纳新的事物，重新给自己设定标准，加满油再次上路，奔向更广阔的世界。

### 第三章

# 交互设计：激活课堂，过程愉悦

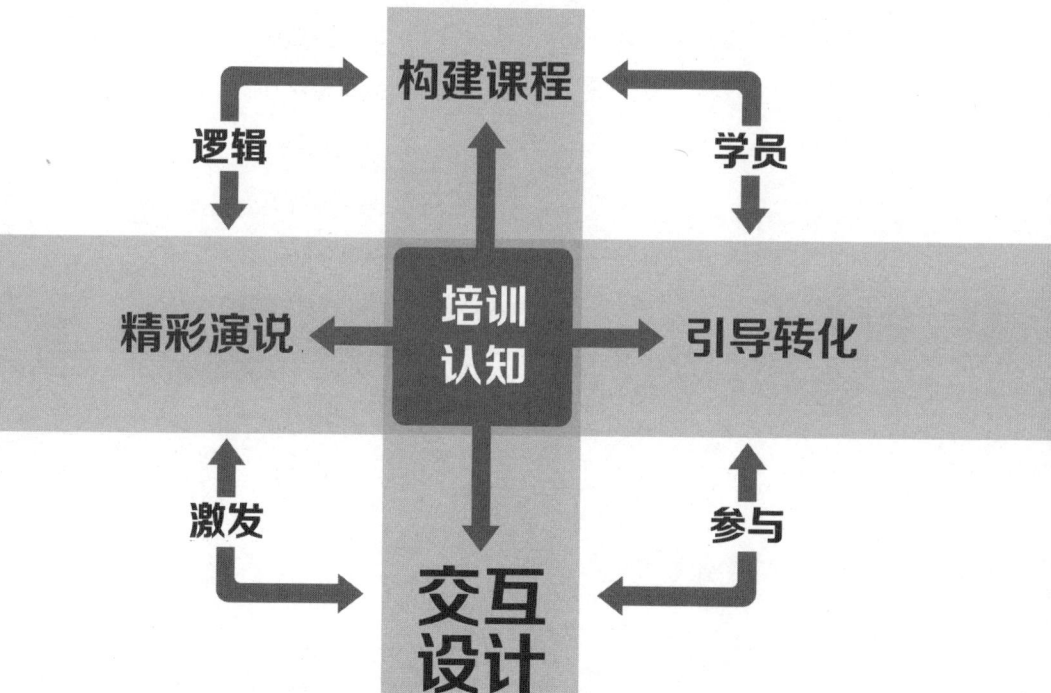

第三章 交互设计：激活课堂，过程愉悦

交互设计其实就是增加课程的趣味性，这种"有趣"并非讲讲段子、做做游戏的表面热闹，而是让学员更愿意也更容易参与学习，是学习的催化剂。企业内训总是容易忽视这个模块，大家往往会觉得哪有那么多时间呀，赶快讲完赶快结束吧。但就是这种赶着完成任务的心态，导致培训效果大打折扣。这个模块的设计是课程成熟度的体现，越成熟的课程往往交互设计越完美，越能让学员主动投入学习状态，享受成长的喜悦。进入这章，希望各位内训师都化身为"游戏设计师"。要知道，这个模块就像艺术创作，没有最好，只有更好。我们一起脑力激荡，在课程准备阶段多下功夫，让交互设计填充课程留白区。虽然设计有时会非常烧脑，但是进入授课阶段，你会产生一种浓浓的幸福感，授课超省力，效果顶呱呱。

## 一、你真的理解什么是互动吗

很多人会问我交互和互动的区别是什么？其实我觉得没什么区别，就是"互动"这个词被叫滥了，关键是到目前为止还有很多人并不真正了解互动。为了不让大家继续先入为主，我把互联网领域的"交互"一词拿来取代"互动"，希望大家不要再把培训现场为了热闹而热闹、为了开心而开心的氛围理解为互动。交互的核心在于，真正与学员发生连接，引发学员参与学习过程，更好地达成学习目标，产生学习效果。为了能够达成这个目标，我们一要了解交互设计的模型是什么，从而了解交互设计的底层逻辑；二要了解成人学习的特点，依据这些特点来设计课程形式。

### （一）基于刻意练习的交互设计模型

内训师首先根据学习主题选择检验方式，比如提问、讨论、案例分析等，让学员在被动接受知识前，先主动参与思考和行动，内训师根据学员的表现来评估学员的理解程度，是未达标、达标，还是超出标准，然后根据学员当前的理解水平，予以针对性的反馈。

这种交互设计甚至可以弥补内训师在课前不能完全收集学员需求的痛点，因为即使课前发放学员调研问卷，回收的有效性及需求的真实性都是有限的。所以内训师可以在培训过程中不断设置检验活动，以评估学员水平，要记得是"评估"而非"观察"，因为观察往往是中性的、无标准的，但评估往往说明内训师心中有一杆秤，能衡量出学员的理解、掌握程度。

要想做好交互设计，内训师对课程内容的驾驭能力要很好。内训师在授课时会有四层状态，分别是顺、好、精、活（见图3-1）。刚开始讲课，能按照授课的思路和设计顺着讲下来就不错了；慢慢讲熟后，会讲得更好，语言表达更生动，更容易让学员理解、记忆；再往后会不断地做减法，能用一个案例解释清楚就不用两个案例，能用一句话直指核心就不用两句话，让学员感到学习的酣畅淋漓；最高境界就是"活"，到达这一阶段的老师开始很讨厌PPT，因为学员都是活的，而PPT是死的，所以讲得"活"的老师，其PPT内容会少，但会设计很多检验的方式，不断了解学员水平，给出高一级的学习内容，让学员学有所获，又不会让学员感觉所学超出自身认知太多，难以理解。

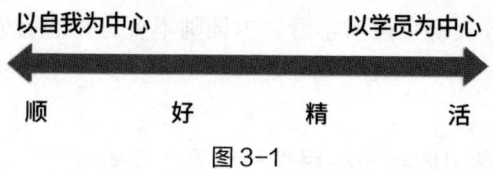

图 3-1

这四个阶段是逐步精进的过程,要不断地向"活"修炼,才能让学习真正地发生。这要求内训师一方面要不断提升自己对培训主题的专业度;另一方面要更多地了解学员的问题,设计适合他们的交互活动。

## (二)了解成人学习的九大特点

成人学习的特点和孩子不一样,但不少内训师上课的状态像幼教老师一样,有时是语气像,有时是要求像,比如点名学员回答问题、迟到罚站等。遇到配合的学员还好,如果遇到不配合的,可能会导致学员与内训师的冲突,对教学产生负面影响。了解成人学习的特点,才能更好地设计学习方法,让培训顺利进行。马尔科姆·诺尔斯是成人学习理论的集大成者,他总结了成人学习的九大特点。

### 1. 学员需要知道学习的目的和原因

每个学员坐在教室里,头脑中都会出现这样的问题:"我为什么要学这个?""这个内容和我有什么关系?"这就是内训师要在课程开始前激发学员学习兴趣的原因,解答这两个问题,让其能更投入地参与学习。

### 2. 学员感受有现实或者迫切的需要才会去学

讲其需要是价值,讲其不要是废话。如果你讲的东西是学员半年内都用不上的,那就不要讲了,"永远不要低估学员的智商,也不要高估其对学习内容的需求"。就像如果你的手机的某个功能出了问题,你多半会上网搜关键词,查查解决方法,但很少会翻出手机说明书从头到尾看一遍。大多数人都会按需学习，内训师不要总是想着大而全，不要搞填鸭式的培训。

**3. 学员对学习内容的实用性和结果尤其关注**

学习的内容是不是能够关联实际？这也是前面所说过的任务派比学院派在内容设计方面的好处，就是贴合学员的实际应用场景，进行内容设计，减少学员需要举一反三的压力，让学员更方便地完成学习后的行为转变。

**4. 学员乐于表达个人意见，使人感受其存在的价值**

每个人都渴望被认同，不少新内训师不也是因为在课堂上通过授课得到学员认可，从而获得成就感，而越来越喜欢授课的吗？让学员也参与其中，不断地认同、引导他们，他们的积极投入会让课程更加有效。我经常举个例子，内训师如果上课都是自己讲，就像是一直向外流水的池子，总有一天会干涸，而让学员参与进来，就像池子不仅向外流水，也有管子在向内注水，教学相长才是更好的学习。

**5. 学员拥有丰富的经验，喜欢将新知识与经验做比较**

有些内训师喜欢上课前讲"空杯理论"，如果站在学员角度来看，自己提醒自己更投入到培训中，学习应该更有收获。但站在内训师角度上，这种强调就可能成为一种暗示，让学员放弃经验，去当学习木偶，这怎么可能真正学到实处呢？所以，内训师应该更珍惜、鼓励学员在培训过程中融入自己的经验和思考，这样才能帮助学员完成新认知体系的建构。

**6. 学员喜欢按照自己的方式和进度学习，期望知道效果**

我很少上大场的课，甚至超过60人的课都会拒绝，当然也因为我的课主要是技能类。一旦人多，老师是很难照顾到每个人的，只能按照通用的标准来进行，练习、分享的时间都要控制，更难涉及有针对性的点评、反馈。就好比你去打高尔夫球，但是眼睛被蒙上，只让你不停地挥杆，你觉得自己有兴趣玩多久？可能很快你就不玩了，因为打球成了体力活，那种看着球飞出、准确进洞的兴奋感没有了。学习也是如此，需要多给学员主动权，让其更乐于参与，同时给其即时的、有针对性的反馈，让其知道自己哪里做得好、哪里做得不好，他才会有动力继续参与学习。

### 7. 学员年纪越大，对于复杂内容的接受度越差

我们在进行构建课程时，在有用的环节中要定目的、定学员，而在定学员时，要注意分析目标学员的年龄。因为不同年龄的人对内容和授课形式的接受度是不同的。对于年纪比较大的学员，可以对其学习内容进行先分解后汇总的设计、练习，让其通过一个个小模块的掌握从而习得大模块，我们把这种一步步辅助学员理解、掌握的操作叫作搭建"脚手架"。不要一上来就用完整、复杂的模块吓到他们，不然他们内心一旦形成"我一定学不会"的想法，就更难改变其旧行为，让其应用新方法了。

### 8. 学员在轻松、愉悦和友爱的环境下，学习效果更好

身为管理者的内训师尤其要注意，不要把开会、训话、宣贯等同于培训。有时我会听一些职业讲师说去某些企业培训，还没开始上课，领导先过来训一顿，学员像霜打了的茄子一样蔫儿了，真是非常同情接下来要讲课的老师。

最近一两年，脑科学用于培训中的研究开始越来越多，我们也结合脑科学的一些观点来谈谈为什么要创造轻松、愉悦的学习环境。每个人

每天会有四种脑波状态。白天做事时，大多是β波，这种脑波状态可以提升我们做事的效率，但如果处在压力状态下，β波就会升高，时间长了大脑就会疲惫。你是否有过忙了一天，下班时头晕脑涨的现象？那就是高β波带来的影响。如果内训师在课上填入压力、考试、大量内容，那么下课时学员也是这种晕乎乎的状态，怎么会学得好？能帮助激活大脑、提高学习效果的脑波是α波和θ波，这两种脑电波都是我们在放松时才会出现的。比如你有没有这样的经历，白天有个问题一直困扰着你，你苦苦思考却想不到解决方法，结果晚上躺在床上，似睡非睡状态下突然灵感迸发，想到了解决之法。为什么那时会想到？因为那种状态下是θ波活跃的时候，θ波对于强化长期记忆帮助极大。当大脑比较活跃，灵感不断的时候，会导出α波，它有利于形成创意，是学习和思考的最佳脑波。所以我们要努力营造轻松的学习氛围，甚至课间的音乐也可以换成调整脑波的音乐，放弃吵闹不休的流行音乐。至于δ波就不重点说了，因为它只会在人熟睡时才出现。

### 9. 节奏和进度的掌握影响整体效果，易产生精神疲倦

"人生就像心电图，如果你想平风浪静，除非你死了"，这是网络笑谈，但放在课程节奏设计上很有道理。不要长时间用相同的授课方式来授课，如果一直讲授，学员就会精神疲倦；如果一直嗨，学员也会精神疲倦。他们需要既有高峰也有低谷的节奏设计，内训师要通过变换不同的学习手段，使学员保持学习的兴奋状态，更好地达成学习效果。

## 二、让学员愿意听的开场设计，好的开始就是成功的一半

前面讲了关于交互设计和成人学习特点的内容，接下来我们将思考

如何将其融入教学中，开始在骨骼的基础上增加血肉，让课程逐渐丰满起来。不管你上一天的课还是一个小时的课，所有的课程框架都分为三个阶段：开场、中间和收尾。如果内容较多，多次组合即可（见图 3-2）。

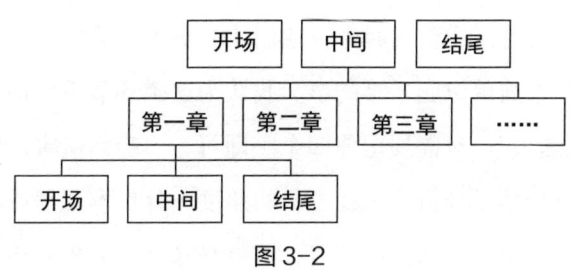

图 3-2

因为我是研究教学技术的，之前有一位德高望重的老师和我交流他的困惑，他说："白老师，我上课也不错，为什么有些学员听着听着就走了呢？他们一走，我的心就揪起来了，是不是我哪儿没讲好？"这种经历，讲过课的老师都体会过，当然学员离场的原因也特别多。在我和他具体交流过之后，我发现他可能有个环节是忽略的，就是开场。有些老师是不会开场，而有些老师是不屑于开场。像这位老师就属于不屑于开场的，认为课程内容很好呀，大家认真听就好了。但就像我们出去旅游，在旅游前要查攻略，我们会去分析哪些景点值得去、怎么去，会在出发之前做好一切准备，好让自己可以玩得更尽兴。学习也一样，学员需要知道这趟学习之旅有哪些风景值得期待。要知道，好的开始就是成功的一半。

## （一）开场需解决的四个问题

开场需要解决四个问题：激发兴趣、快速破冰、建立信任和切入主题。但如果能在设计上一箭双雕会更好，就是一种设计同时满足两三个问题。因为毕竟只是开场，时间不宜太久，一个小时的课，开场控制在5~8分钟；一天的课，开场控制在15分钟内就可以了。

**1. 激发兴趣**

只有把学员的兴趣激发起来，他们才会更主动地学习。但激发兴趣又是一件说起来简单做起来难的事。我认为这个环节不要搞得太复杂，"一招鲜，吃遍天"，只需要记住四个字即可——趋利避害，成功的关键点是站在学员的角度分析。站在学员的角度，分析本课程或本章节能给其带来的好处、价值、利益有哪些，这就是趋利；分析其当前的困难、障碍、风险有哪些，而课程内容会给他们答案，这就是避害。

当然，激发兴趣并不止这一种方法，"引发好奇"也是常用的技巧。比如有个有趣的"紫牛效应"。

大家现在见到牛的机会应该越来越少了，更常见到的是牛肉。比如今年你休年假去草原玩，刚开始玩时就看到了成群成群的牛，这个时候因为你好久没见过牛了，你的注意力会被吸引过去。你瞪大眼睛，想仔细看看草原的牛和你印象当中的牛有什么不一样。这时你的注意力会呈现高峰状态。但当你在草原上玩了好多天，天天看牛，你的注意力还会一直处在高峰吗？相信绝大多数人对牛的注意力会不断下滑，有些人已经开始视而不见了。当你最后一天要离开草原时，一只脚都已经登上了大巴车，眼睛的余光突然看到离你不远处有一群牛，其中有头牛是紫色的。你眼睛瞪得大大的，从大巴车上退了下来，你想走近看看到底是你看错了，还是真有紫色的牛，你甚至已经拿出手机，准备在朋友圈里分享你的新发现了。这时你的注意力又会达到顶峰。

以前的信息传递渠道少，老师可以靠信息不对称来吸引学员。现在互联网发达，微信、微博、微课等传播海量信息，如果老师讲的都是学员已经知晓的内容，那学员的状态就会像天天看牛的状态一样，注意力早就转移了。有些内训师告诉我，他们每年都要根据安排给同样的人员上同样的课，比如"安全生产"，课件几乎都不改，这也难怪学员会提不起精神。

所以，要么换种角度来剖析，要么换种说法来表述，要么换种形式来呈现，总之要利用"紫牛效应"激发学员的好奇心，让其更好地投入到培训中。

**2. 快速破冰**

很多新内训师会问我，如何让自己上课更从容、不紧张。这里给大家分享一个技巧，就是快速破冰。想象一下，你在整个上课过程中，紧张度会一直处在高峰吗？应该不会吧，那么最紧张的时刻往往是什么时刻？就是开场。当你刚站在讲台上，下面的学员都面无表情地看着你，心里还在评估你时，相信你真的会有"心提到嗓子眼"的感觉。内训师要注意破冰的维度和方法。

课程破冰包含三个维度：一是老师和学员之间的信任之冰，二是学员和学员之间的陌生之冰，这两个维度都视情况而定，因为企业内训往往大家都是认识的，这两个维度就可以不用考虑；三是破学员和内容之间的冰，就是让学员理解"我为什么要来学习这门课"，这个维度的破冰如果结合趋利避害的方式来切入，就可以既满足了激发兴趣，又满足了切入主题，这就是一箭双雕。

知道了破冰的维度，怎么破冰？有一个好玩的技巧，叫作"不动不破，一动就破"。比如提问、讨论、站队表决、幽默表述等，只要能引发学员参与就可以，一般上课时前15分钟，让学员动3次，冰就破了。

### 3. 建立信任

为什么开始上课时，老师都要进行自我介绍？难道就是为了让学员知道你叫什么吗？那如果是企业内训，是不是连自我介绍也可以省略了？

其实自我介绍最关键的目的是向学员解释一个问题，"今天凭什么是我站在这给大家讲这个课题？"内训师就要提提当年勇或当年吃一堑长一智的事，因为即使大家都是一个公司的，也未必都知道你的那些"丰功伟绩"。内训师的师威往往来自自己的工作成绩，但要记得只谈与课题相关的成绩。

有次在某车企培训，一位内训师在自我介绍中有个数字100万让大家很好奇，他说："这100万不是指我的存款，而是我安全驾驶的里程数。今天我就是要和各位分享如何安全完成新车试驾。"大家从这个介绍中听出了什么？就是两个字：专业！

另外，小组的团建也有助于建立学员间的信任，通过小组间的PK，加速组内的归属感，使学员相互打开心扉，促进深度学习交流。(具体设计的技巧可参考后面游戏设计内容。)

### 4. 切入主题

就像发射炮弹，已经把炮上了膛，点了引线，最后炮射偏了，相信每个人都会很遗憾。前面的内容都是为最终命中靶心，即自然切入主题所做的设计，如果前面说A，后面又转到B，学员就会觉得莫名其妙。像一部好的电影，每一个镜头都是有目的的，甚至每一个进入镜头的群众演员都是设计好的。不讲废话，不讲与目标无关的话。

课程的开场要把这四个问题都解决掉,如果是章节的开场,关键把握激发兴趣与切入主题即可。

## (二) PIP 开场方法

开场的方法非常多,甚至还有一些游戏的技巧也可以放在开场。我们在本节只介绍一个万能的 PIP 开场方法,这种开场方法不仅可以用于培训课程,也可用于在大的场合进行演讲、发言。

### 1. 目的(purpose):向学员交代你为什么讲这门课

这个阶段可以谈谈自己讲这门课的起心动念是什么,可以站在内训师自身的视角切入问题点,让学员跟随你的视角来看待培训主题。目的交代得越清楚,学员对于你接下来所讲的主题及核心观点的接受与认可程度就越高。呈现形式可以生动一些,比如讲一个与主题相关的案例、分析一组数据、看一个视频、讲一段内训师过往的成败经历、用一句契合的名人名言引发的思考等。此阶段可与建立信任结合,将自己与该主题的渊源一并介绍了。

### 2. 重要性(importance):向学员说明他们为什么要听这门课

这个阶段是站在学员的角度来看课题价值,应用"趋利避害",学员就会更加关注你所讲的内容。当然这个阶段也可以让学员参与,达到快速破冰的目的,比如通过讨论、提问,引发学员的思考、交流及共识。

### 3. 概览(preview):让学员清楚他们会学到哪些内容

把整个课程的核心框架即章节目录介绍一下,前面铺垫了背景、问题、利益及冲突,概览部分即成为解答。如果能把章节目录之间的关系用模型介绍出来更好,就像把整片树林完整地呈现给学员,让他们心中有数。

## (三)需避免的问题开场

"你永远没有机会第二次建立第一印象",这句话放在开场也成立。需要避免的问题开场有以下几种。

**1. 道歉型开场**

有些内训师一上台就讲:"各位抱歉,因为时间有限,准备得很仓促。"如果你是学员,你会有什么样的感受?我之前问的大部分学员,他们都认为老师要是没准备好,最好再回去准备准备,不要浪费大家的时间。而有些内训师也并非真的没准备好,这只是他们谦虚的说法,但你会发现这种谦虚的说法未必会帮你加分,甚至会减分,那干吗还要说呢。

不管你准备到什么程度,当下就是你尽最大可能准备的最佳状态,那么尽力而为地授课就好了。

**2. 混乱型开场**

颠三倒四的开场,要么是即兴发挥,语言没有组织好;要么是对内容不熟,讲了前面忘了后面;要么就是设计有问题,讲的内容与主题无关,学员听了半天都不知道你到底想讲什么。要知道,"注意力"是多么稀缺的东西,如果不能快速吸引学员,想在后面逆袭就更难了。

改善混乱型开场有一个特别有效的方法,就是把整个授课思路用思维导图整理出来。本章的最后部分会分享基于全流程备课的思维导图应用方法。

**3. 无味型开场**

每年大家都会吐槽春晚,因为从主持人到节目都变得模式化,就连有些段子也是网络上用滥的梗,所以大家就会觉得这样的节目没意思。

同理，在课堂上，当你说出开头，学员能接出结尾，这样的内容谁还有兴趣再听一遍呢？牵出"紫牛"来，让学员眼前一亮吧。

## 三、让学员听得懂的内容设计，大师讲课要深入浅出

小蝌蚪和小鱼从小是一对玩伴，一起在池塘里长大。小蝌蚪长大后就变成了青蛙，跳出池塘，周游世界去了。有一天，青蛙想起了幼时的玩伴小鱼，就想和小鱼分享自己的见闻，于是它回到池塘找到了小鱼。"小鱼，外面有好多长着两条腿，能直立在地上行走的，它们叫人，它们的孩子一生下来就有两条腿和两只胳膊；还有浑身长满羽毛有两只翅膀的，它们能扇动翅膀一飞冲天，它们叫鸟；还有一个大家伙，我第一次见它时吓了一跳，它身上一块白一块黑，人们会用它挤奶，叫它奶牛。"讲了这么多，小鱼开始在脑海中展开丰富的联想：两条腿直立行走的鱼？身上长满羽毛，还有两只翅膀，能飞上天的鱼？长得一块白一块黑的、能挤奶的大鱼？

谁出了问题？说的有问题还是听的有问题？其实都没问题，但双方理解是有偏差的。问题的核心来自双方的认知不同。每个人对事物的理解都是基于自己的认知的，如果你讲的内容超出了学员的认知，学员只能靠想象去理解。那么即使你觉得自己讲得够清楚了，学员也觉得自己理解了，但如果你去检验，依然可能发现结果大相径庭。

为了避免因这些问题而导致授课失败，内训师在课程中间的内容设计就要解决三大问题，即帮助学员听得懂、参与思、学会用。这三大问题就像进阶的台阶，让学员从知道、理解到应用。

"鼻黏膜受刺激,人会急剧吸气,然后急速地把气由鼻孔喷出并发出声音。"通俗讲就是"打喷嚏"。在培训中,经常见到内训师把大段很难理解的概念往 PPT 上放,学员看似读了一遍,懂没懂往往看其"悟性"。在表达内容时,内训师需掌握的第一要领就是 16 个字:感性话题,理性升华;理性话题,感性演绎。

所谓"感性话题,理性升华",就像我们给孩子讲《小猫钓鱼》,往往讲完故事后,我们会把故事的意义解释一遍:做事专心才会有所收获,做事三心二意最终会一事无成。故事的部分就是感性话题,最后的意义就是理性升华。大家如果留心会发现,现在阅读量在 10 万以上的公众号文章,几乎都符合这个条件。

所谓"理性话题,感性演绎",平时我们的课程往往偏理性,夹杂着枯燥、乏味的条目内容,自然无法吸引学员的注意力,就需要用一些有趣又易于理解的方式来阐释。接下来,我们和大家分享理性内容感性演绎的五大技巧,分别是类比、对比、数据、图例、事例。

## (一)类比:用学员已知代入未知

有个例子:营销就是"谈恋爱",搞定四步获得"她"的芳心。第一步——相互认识(了解客户需求);第二步——彼此了解(运用合适的营销手段让客户了解你的信息);第三步——深深相爱(建立信任,凸显卖点,如细致耐心的服务);第四步——结婚(临门一脚,成交)。这种表达形式就是类比。

类比最适合用于术语翻译。各行各业都有自己的术语,术语是把双刃剑,沟通双方都理解该术语时,沟通效率就高,不需要再一点点展开解释。但如果对方不了解该术语,即使你觉得自己说得很清楚了,对方还是听不懂,这个时候类比就特别有价值了。尤其是一些专业技术类课程，课程内容充斥着术语和晦涩的解释，内训师就可以多用类比的方式，一方面降低学员理解上的难度，另一方面还可以提高课程的趣味性。

有些内训师认为类比就是举个例子，但能把例子举得恰当也是不容易的。要找到两个不同事物之间深层次的相同点，让学员通过一个已知的事物来理解一个未知的事物。爱因斯坦曾说过："如果你不能用简单的语言把复杂的事物说清楚，本质上说明你对它还不够了解。"你可能听过这样的解释："当你和一个美丽的姑娘坐上两个小时，你会感到好像坐了一分钟；但要是在炽热的火炉边，哪怕只坐上一分钟，你却感到好像坐了两个时。"这就是爱因斯坦对相对论的解释，也让我们看到大师是如何融会贯通、举一反三把复杂的内容讲得深入浅出的。找到一个能够做类比的例子来和你要讲的事物建立关联感，本质上说明你对这两个事物的理解都够深入。

## （二）对比：没有对比就没有伤害

在职场中有句笑谈："你的幸福指数不是来自你的工资数，而是你身边人的工资数。"没有对比就没有"伤害"，通过对比可以更明显地看到差距。

张三和李四同时受雇于一家店铺，拿同样的薪水。一段时间后，张三青云直上，李四却原地踏步。李四想不通，老板为何厚此薄彼？老板于是说："李四，你现在到集市上去一下，看看今天早上有卖土豆的吗？"一会儿，李四回来汇报："只有一个农民拉了一车土豆在卖。""有多少？"老板又问。李四没有问，于是赶紧又跑到集上，然后回来告诉老板："一共40袋土豆。""价格呢？"老板继续问。"您没有叫我打听价格。"李四委屈地说。老板又把张三叫来:"张三,你现在到集市上去一下,看看今天早上有卖土豆的吗?"张三也很快就从集市上回来了,他一口气向老板汇报说:"今天集市上只有一个农民在卖土豆,一共40袋,价格是两毛五分钱一斤。我看了一下,这些土豆的质量不错,价格也便宜,于是顺便带回来一个让您看看。"张三边说边从提包里拿出土豆,"我想这么便宜的土豆一定可以赚钱,根据我们以往的销量,40袋土豆在一个星期左右就可以全部卖掉。而且,咱们全部买下还可以再适当优惠。所以,我把那个农民也带来了,他现在正在外面等您回话呢……"老板回头看了眼在旁边等待的李四,李四目睹了张三做事的全过程,羞愧地低下了头。

类比是从两个不同的事物间找到相同的点,是从两个相似的事物间找到不同的点。

正所谓"鲜花需要绿叶衬",对比也可以表明差距。对比可用数据对比,例如本地樱桃和进口车厘子的价格对比;图例对比,例如减肥、美容的广告前后对比;事例对比,例如上述买土豆案例。

## (三)数据:要学员有感知的数字

柴静的《穹顶之下》纪录片中有一个数据,"我国每年新增车辆达到80万辆"。谁能够迅速对80万辆车有概念?纪录片中解释道:"这80万辆车首尾相连可以从北京排到深圳再从深圳排回来。"这样一解释是不是就很吓人了?让对方没有感知的数据都是死数据,广告词"充电5分钟,通话2小时"就是数据形象化的体现。很多内训师在课程中都会运用数据,但学员并不理解这些数据意味着什么。

最简单的数据解释就是代入大家熟知的参照物。比如去云南上课，当地的学员都对滇池特别熟悉，如果你在大小方面用滇池去换算，学员就会容易理解。

## （四）图例：文不如表，表不如图

在PPT制作中有一个原则叫"文不如表，表不如图"。这里所说的"图"包括两种，一种是图例，一种是信息图。

先说图例，像前面讲的青蛙与小鱼的故事，如果有了图例就省事很多，青蛙不需要再费尽口舌，只需要拿出"人""鸟""奶牛"的图片让小鱼看就可以了。课件中建议大家可以多运用实景拍摄的图片，现在手机拍照也非常方便，如果是在工厂光线太暗，拍摄不清晰，也可运用手机补光提高拍摄效果。

再来看信息图。在课件中不要出现大段大段的文字，文字太多，学员一下子不能理解，内训师也很容易脱不了稿而出现照着读的情况。这时，可以用信息图。

以图3-3为例，对大段文字进行改造，分两步走。

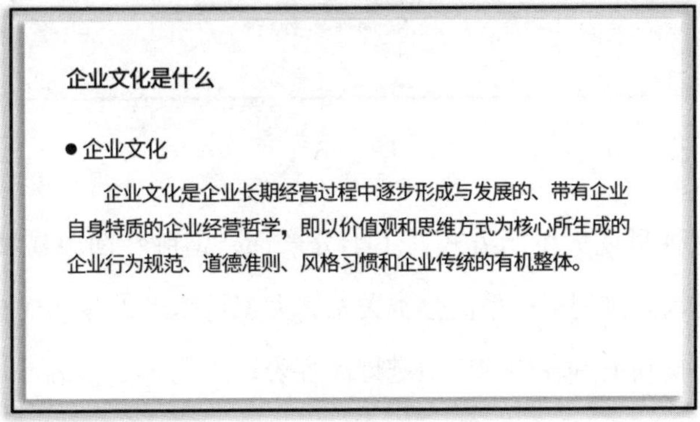

图3-3

第一步：敲回车——把文中内容进行分段（见图3-4）。

**企业文化是什么**

企业文化是
- 企业长期经营过程中逐步形成与发展的
- 带有企业自身特质的企业经营哲学
- 以价值观和思维方式为核心所生成的
- 企业行为规范、道德准则、风俗习惯和企业传统的有机整体

图3-4

第二步：配关系——根据段落内容，用图形呈现关系（见图3-5）。

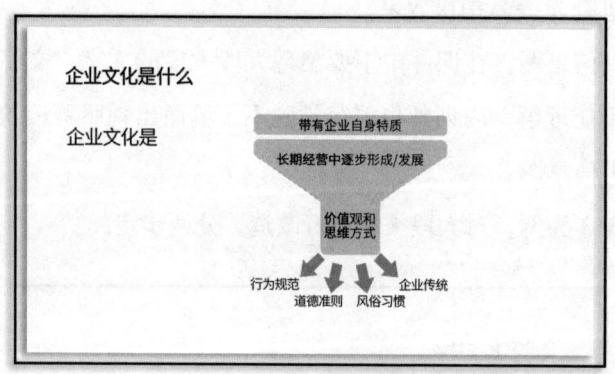

图3-5

虽然这种呈现关系的方式并不十分严谨，但胜在简单易操作。本书不再花大篇幅去讲逻辑关系的分类关系，大家可以多借鉴PPT中SmartArt图表关系，找到适合表述的模型进行内容表达。

## （五）事例：打动人心的永远是故事

事例就是讲故事，可以选择的内容包括历史故事、杜撰故事、实际案例、亲身经历等。事例的好处就是代入感强，能帮助学员快速变换视角，获得体验；而且每个人都喜欢听故事。如果内训师把事例讲得过于笼统，就会影响学员的感知，甚至学员在听完后没有任何触动，那这个事例就白讲了。所以一定要让事例生动起来。把故事讲生动的核心在于描述，描述最大的价值就是有画面感。比如：

> 我看见他戴着黑布小帽，穿着黑布大马褂，深青布棉袍，蹒跚地走到铁道边，慢慢探身下去，尚不大难。可是他穿过铁道，要爬上那边月台，就不容易了。他用两手攀着上面，两脚再向上缩；他肥胖的身子向左微倾，显出努力的样子，这时我看见他的背影，我的泪很快地流下来了。我赶紧拭干了泪。怕他看见，也怕别人看见。我再向外看时，他已抱了朱红的橘子往回走了。（朱自清《背影》）

描述好事例有两个要素。一是放大细节。低年级孩子写作文，老师总是批评说写的是流水账，原因就是写得太"粗枝大叶"了。比如把上文改为"我爸送我上火车，还给我买了些橘子"，谁还愿意看这样的文章。二是通感修辞，即多用引发感官的词语。人是靠五大感官来感知世界的，视觉、听觉、味觉、嗅觉和触觉。这五大感官中，对正常人来讲影响占比较大的是视觉和听觉，所以更要多用视觉词语和听觉词语。比如"火红色的火苗舔着锅底，锅里已经'咕嘟咕嘟'冒泡了"，"火红色""舔着"就是视觉词语，"咕嘟咕嘟"就是听觉词语。在这方面，平时和别人聊天时也可以多加练习。

## 四、让学员参与思的活动设计,使学员不得不思考

在和内训师交流时,大家最常问到的就是"冷场"时该如何处理。要解决这个问题,首先要定义什么是"冷场"。如果在培训过程中,老师问了一个有难度的问题,学员一时没有回答上来,但明显能看出学员在思考,这一刻并不叫冷场。冷场往往发生在这样的场景中:一位内训师在台上自说自话了好久,学员可能碍于考勤等因素无法离开,于是他们打开手机或笔记本,或者玩,或者处理工作。而这时内训师发现这样讲有点枯燥,可能还想起了"互动"这个词,于是提了个问题,并借提问的空隙抬眼看了眼学员,结果发现学员们都低着头,也没有人回应。于是,内训师又只好接着讲了下去,心想"不是我不互动,是我互动了,但冷场。看,根本没有人参与回应"。

这种冷场往往说明课堂已经失控很久了,灵光一闪的提问无法把学员从走神的状态调整回来。如果是这样,从一开始就要抓住学员的心不放松,让他们主动参与思考。经过自己思考加工的内容,才会更加认可、印象更深。记住,不让学员参与,更会导致课堂的失控。下面就分享一些促进学员课堂参与思的技巧:案例分析、小组讨论、游戏设计。

### (一)案例分析:前车之鉴,后事之师

事例和案例分析最大的区别在于"分析"二字,正所谓"前车之鉴,后事之师",案例可以填补理论与实践之间的空白。成功案例也好,失败案例也罢,让学员通过参与提高分析问题和解决问题的能力,激发创造力,通过思考、讨论和反馈加深理解,有助于打破成见和僵化的态度,引导其从中得出经验和教训。

案例教学比较早地应用于商学院的教学，在企业培训中很难用到太过复杂的案例。企业培训案例的应用主要涉及两类：技能应用类和有效决策类（见图3-6）。案例分析的成功设计包含三大要素：选材、设问与连接。

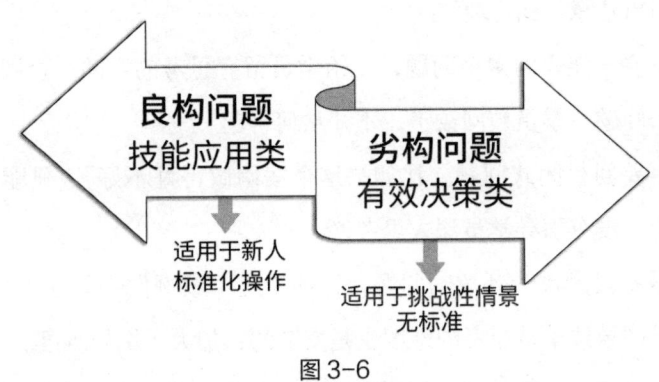

图3-6

**1. 技能应用类案例设计流程**

技能应用类案例分析对应良构问题，此类问题有一套正确、标准的解决方法。通过案例分析，提炼出标准方法，配合应用练习，使学员能够举一反三。

（1）选材：有理论＋贴实际＋埋冲突＝技能应用好案例。

技能运用类案例的设置都是为知识点服务的，因此在选择此类案例前，首先要确定的是背后支持的理论内容。比如，我们今天要给管理者讲渐进式管理，即员工初次犯错和累次犯错，管理者的处理方式应该有所不同，那么先要明确这个理念的知识框架及要点。然后从学员相对应的情景案例中进行选择，就是从其实际工作、生活情境发生的事件中选择具有典型性的加以应用。要注意，案例内容细节要描述充分。如果能找到现成的素材应用，也是可以的，比如前几年"看电影学沟通"之类的课，节选的视频片段就属于案例变体。

案例内容整理出来后,要和理论、知识点进行对照,检查案例的挑战点或问题点,看能否让学员有代入感,引发深度思考和分析,最终升华至与理论相契合。

(2) 设问。

设问需注意"四不要":

一不要一连串问多个问题,要给学员留有思考的空间。否则一下子问好几个问题,学员被问蒙了,不知从何答起。

二不要问封闭式问题。比如"这个案例做得好不好",只能听到学员的结论,没有引导学员深入思考。

三不要问太过于开放的问题。比如"这个案例做得好在哪",这种问题太泛,导致学员思考的维度也是发散的,加大了引导难度。

四不要把内训师的观点提前融入问题。比如"这是一个特别失败的案例,大家分析下都有哪些问题",这种问题会直接影响学员思考的角度与深度。

对技能应用类案例的设问,我们可以使用前面提过的麦肯锡顾问的思维工具:"空(事实)、雨(思考)、伞(行动)"。"空"是基础,技能应用类案例最为重要的就是剖析案例是怎么操作的,可以问两个层面:行为与结果。比如"他做了哪些行为,达成了什么样的结果"。"雨"是深挖,即针对事实的分析,比如"为什么这些行为会产生这样的结果"或"这样的结果带来的价值有哪些",引发学员的深度思考。"伞"是延伸,即通过分析后决定的行动还可以有哪些,比如"如果我们希望多产生这样的结果,我们还可以怎么做",以强化学员的理解,带来举一反三的效果。

(3) 连接。

技能应用类案例通过设问引导学员分析后,应连接实际应用,增加练习环节，快速检验学员掌握、理解的效果，进而有针对性地强化辅导。

**2. 有效决策类案例设计流程**

有效决策类案例分析对应劣构问题，此类问题很难有一套放之四海而皆准的解决方法。例如管理类课程中就存在大量劣构问题：今天员工请假了，批还是不批？明天有员工过来打小报告，采纳还是不采纳？相同的问题放在不同的企业，甚至放在同一企业的不同部门，答案都是不同的。管理往往不是是非对错的问题，更多是"两害相权取其轻，两利相权取其重"的选择。对于此类案例，我们最终训练的不是学员对答案的掌握，而是他们对事件的思维方式。

(1) 选材：真场景＋盘策略＋难抉择＝有效决策好案例。

选择有效决策类案例一定要还原学员的实际工作场景，这样代入感才会强，学员才会快速进入状态，进行激烈而充分的沟通。实际工作场景包括四大要素：工作人物、事件、处理时机与处理场合。比如：

> 小李作为团队领导，接到一个新的团队任务。而他的团队成员不知道任务的具体做法及一些新工具的使用方法，从而影响了团队任务的执行。其中一个主要成员小王今天来到小李的办公室说了他们的现状，你若是小李，应该如何做？

(2) 设问。

有效决策类案例分析的设问非常关键，要把可能的做法进行盘点。比如针对上面问题，可能有这么几种解决办法：听他说到困难，就直接告诉他方法；听他说完，告诉他自己也没办法，让他下次带着办法来沟通；听他说完，确认他的问题后，予以指导；听他说完，确认他的需求，启发他，再给予支持。让学员在这几种办法中进行选择，这样做的好处有两个。一是能够快速聚焦学员的注意力，避免他们长时间思考问题本身，而忽略了对问题背后原则的思考。二是按照布鲁姆教育目标分类法，在认知领域的教育目标可分成知道（知识）、领会（理解）、应用、分析、综合、评价六个层次。让学员回答怎么做，属于应用层面的检验，是初级的认知问题；而给出答案让学员进行选择，则需要学员运用分析、综合甚至评价层面的能力，这些都属于高级认知问题，更能够激发学员思考，从而培养学员的思维、观念和自我评价体系。

策略选项的设计核心是，不要完美的答案，最好每个答案都有其长处，又有其短处，让学员越代入越纠结，就越是好案例。如果某个答案呈现太过于标准化，学员就会放弃思考，而直接进行选择。可加入实际情景中最常存在的不当操作，通过案例引发学员对实际工作的反思。最好能设计一些陷阱选项，如果选择这些陷阱选项，会把事情越搞越糟，甚至会对后续产生一系列的不良反应，以此提醒学员在处理问题时不能只看眼前，要多看几步，学会系统思考，关注点、线、面、体之间的关系等。

有效决策类的案例分析只给建议答案，没有标准答案，学员深入而充分的讨论才是更有价值的内容。让学员表达自己推理的过程，可以使其思路越来越清晰，同时，也可以帮助学员努力理解他人思维的维度，扩大自己的认知角度。

（3）连接。

有效决策类案例最终连接的是思维层面。从定义问题，到综合内在与外在的资料、信息，做出符合客观事实的推断，最终形成解决此类问题的原则及要素。这种基于认知深度的理解与认同，才有可能引发下一步行动。

以上是案例分析的种类与设计要素,在课堂执行过程中,往往要配合小组讨论来进行,因为案例分析的问题往往有些难度,而且需要深入、多维度地分析。接下来,我们谈谈小组讨论如何操作。

## (二)小组讨论:群策群力,多角思考

小组讨论是最能体现"交换一个苹果,你只有一个苹果;但交换一种思想,你就有了两种思想"的活动。小组内每位成员就任务展开多维度、多视角的分析讨论,增加了对内容理解的深度与广度。

该形式在课堂中应用范围非常广,几乎所有的互动形式都可以叠加小组讨论来应用,比如案例分析、情景演练、提问、游戏思考等,既可按4~6人的小组进行,也可按2人或3人的小小组进行。但有时小组讨论成功与否不仅仅和授课过程中的引导有关,也跟课前教室布置、小组人数设置相关。

最适合小组讨论的教室布置是岛屿式的排列(见图3-7)。这种方式既便于内训师与学员进行交流,也便于学员与学员进行交流。企业的圆桌会议室、阶梯教室都只适用于开会,而不适合培训。

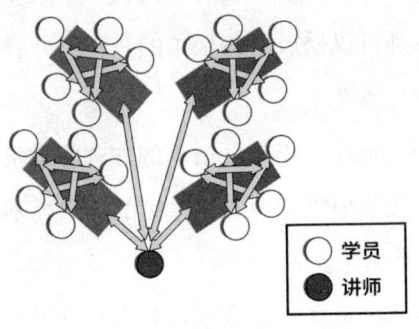

图3-7

每个小组 6 人以内最合适，最多不要超过 8 人。否则小组讨论时，一人说一句，说完等着说第二句都要等好久，而且小组的桌子又会摆得特别长，组前的人和组后的人沟通都要靠喊，很吃力，会导致小组内不自觉地分裂出两三个小小组各自讨论起来，从而影响小组最后输出内容的质量。

内训师在组织小组讨论时可遵循 FISH 模式（见图 3-8）。

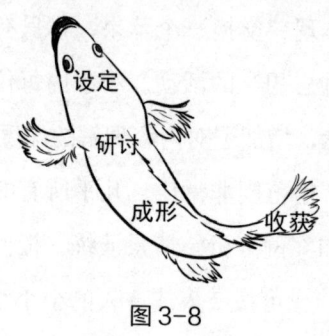

图 3-8

- 设定阶段（framing）：向学员做出清晰的小组任务说明，界定清楚要讨论的问题及讨论结束时输出的形式，不要模糊，不要引起歧义，同时定好讨论时间。如果希望进一步激发学员的参与度，可约定一些竞争机制。

- 研讨阶段（investigating）：让学员能够自由思考、脑力激荡。在这个过程中，内训师可以播放一些轻柔的音乐，并且在屏幕上进行倒计时，帮助学员更专心地投入。

- 成形阶段（shaping）：用先分后总的方式将学员讨论的结果总结成学习要点。比如先让各小组分别念出讨论的结果，不许重复，最后内训师将其总结到学习挂图上。

- 收获阶段（harvesting）：强调学习要点与学习目标相扣，由内训师完成总结与升华的收尾。

讨论环节有几个变形技巧。第一，减少跑题：让学员站立在挂图板前讨论的效果要好于坐在位置上的讨论效果。第二，提高讨论效率或打开不同视角：可以把一个大问题拆分成多个小问题，让不同的小组分别讨论，最后汇总。第三，激发学员创意及活力：可以把多个小问题写在不同的挂图板上，每个问题分配一个主人，其他学员可以全场走动讨论任意一个感兴趣的问题。

## （三）游戏设计：寓教于乐，重在体验

在培训中设计游戏环节，好还是不好？世界著名的TTT大师鲍勃·派克曾说，"成人无非大尺寸的孩子"，在培训中引入游戏的设计会激发学习的自运行，让学员在寓教于乐中更好地掌握学习内容。但有些内训师反馈，在企业内培训如果玩游戏，学员就会很反感，觉得是在浪费时间。看来，即使是"游戏"，也没有我们想象的那么简单，好的培训游戏能让学习事半功倍，不好的游戏却会让学习事倍功半。那么如何运用好培训游戏？我们先来看看培训游戏的分类。我把培训中的游戏分为三类，分别是激情类、感情类和调情类。

### 1. 激情类游戏：激发情绪类游戏

在开始上课前及课程中，大量学员表现出犯困、没精神时，就需要用激情类游戏激发状态。比如有些培训一开场就让学员站起来围成一个大圈，相互按摩。这类游戏往往不需要上升到人生感悟上，就是帮学员调整好学习状态即可。所以应用时一般会有时间和个数的要求，每个游戏的时间控制在10分钟以内，半天顶多用1个游戏，全天顶多用2个游戏就可以了。

激情类游戏可以粗分为两大类：文类与武类（见表3-1）。益智、养生类的活动属于文类，跑跳、竞赛类的活动属于武类。文类的活动比较

适合培训场地小,学员年龄大、层级比较高的培训,其动作不复杂,比如手指养生操、八段锦操之类的。武类的活动比较适合培训场地大,学员年龄小、层级比较低的培训,例如在新员工培训中使用,比如"桃花朵朵开""大树与松鼠"等。

表3-1 激情类游戏

|  | 文类 | 武类 |
| --- | --- | --- |
| 适合学员 | 年龄大、层级高 | 年龄小、层级低 |
| 活动类型 | 益智、养生为主 | 跑跳、竞争为主 |
| 活动要求 | 不复杂、易学习 | 安全为主 |
| 场地要求 | 在座位上即可 | 活动场地大 |

执行游戏时需注意三点。第一,安全、安全、安全!重要的事情说三遍。内训师一定不要在课上带学员玩你自己都没玩过的游戏,而且在玩之前要对各种安全隐患进行检查、预防,比如把桌椅、电脑先收拾好。第二,要非常清楚游戏规则,当描述后学员未理解时,可以进行示范。第三,要允许有些学员因特殊原因不参与游戏,可以邀请其作为观察员,一起主持游戏。

此类游戏未必每次培训都用,有时也可用后面要介绍的两种游戏替代,但每位内训师必须对文类、武类各有两三个压箱底的游戏存货,以备培训中的不时之需。

### 2.感情类游戏:有感而发类游戏

感情类游戏是为了学员更好地理解知识点而设置的。比如以前讲沟通的老师爱带大家做一个叫"撕纸"的游戏,要求学员每人拿一张A4纸,闭上眼睛,听其口令开始"将纸对折,再对折,撕去左上角,再对折,撕去右下角",睁开眼睛看谁撕的和老师的一样。学员打开撕的图形，几乎没有和老师一样的，当然老师也是要故意和大家撕得不一样，因为这样才能继续往下接"是什么导致了不同"，由此延伸到沟通是双向的。这就是典型的感情类游戏，不是为了玩而玩，而是为了通过玩体验到背后的知识点，使学员通过体验，理解更深刻。拓展中的活动（体验式学习）及沙盘类学习都可以称为感情类游戏。

这类游戏在培训过程中不受时长和个数的限制，重点在游戏过后的引导分享和总结，可以和上一节的小组讨论技巧相结合。游戏执行过程中要注意内容与时长的平衡，不要用大量时间完成一个复杂游戏但说明一个浅显的道理，否则学员就会觉得这个结论太过于儿戏。

感情类游戏，分门类别比如团队建设、领导力、沟通等，内训师可以从中选择，也可以根据自己的内容进行相应的设计。用感情类游戏来替代激情类游戏，作为课程开场也是可以的。

### 3. 调情类游戏：调动情绪类游戏

调情类游戏往往不是指一个游戏，而是贯穿整个培训过程中的游戏化设计。《游戏化设计》一书对游戏化的定义是："采用游戏机制、美学和游戏思维来吸引他人，鼓励行为，促进学习并解决问题。"即通过游戏化设计的思路影响整个培训课程的调性及节奏，带出学员主动学习的动机，玩出团队合作的默契。

此类游戏在授课过程中包括三个阶段：规则确定阶段、过程执行阶段、结果应用阶段。

（1）规则确定阶段。

在刚开始上课时，就与学员进行规则约定，以竞赛的方式来进行。竞赛形式可以多样化，比如有些课程把高尔夫球赛制、橄榄球赛制引入培训规则。不管形式如何多变，奖赏结构的核心就是三个：积分、排名与头衔（最终的荣誉或奖励）。要和学员约定哪些行为加／减分，加／减多少分，也可以用代金券来代替加分。一般不建议在本阶段告之最终奖励的具体内容——"神秘奖励"。因为如果奖励设置太高，在培训中会使学员把关注力都放在积分上而非学习内容上；而如果奖励设置太低，没有吸引力，也会影响学员的投入状态。

（2）过程执行阶段。

增减积分的行为就是对学员学习表现进行的即时反馈，通过奖优罚劣引导学员的行为。在教室最明显的位置张贴积分榜，时时公布积分与排名，营造出竞争与合作的学习环境。

（3）结果应用阶段。

在培训结束时，对整个课堂表现积分进行评比，用"头衔＋奖励"把培训氛围推向高潮，达到学习虽然结束，学员意犹未尽的效果。

当然，以上三个阶段的应用都是在激发学员学习的外在动机，就像打"强心针"，当时会有效果，但并不是万能药，打多了也失效。如果学员对学习内容本身没有兴趣，只靠我们去打"强心针"，也是没有用的。最佳的学习是内容与形式同样精彩，学员因自身的学习需求得到满足，在形式上享受成长的快乐，最终获得学习进步带来的成就感。

以上三类游戏可以按需设计，不是每场培训都需要全部应用。要根据时间、场地、学员特点，以及课程内容来进行设计，如果能一个游戏同时满足多种需求就更好，要记住，游戏永远是帮助达成学习效果的手段，而非目的。

## 五、让学员学会用的练习设计，建立知与行之间的桥梁

哥哥要弟弟去教小狗吹口哨，没一会儿弟弟就回来了，哥哥很

好奇:"这么快就教完了?""对呀。"哥哥不相信,去检查小狗会不会吹口哨,弟弟回答道:"你只说让我教,又没有说要教会。"

知和行中间会有很大的鸿沟,有时你觉得讲得很明白了,学员应该会做了,但往往还差很多。我们在前面谈过技能类培训在企业培训中的价值,而技能类课程还可以进一步细分为三种类型:人机互动类、思考决策类和人人互动类(见图3-9)。人机互动类的课程,应对的是有固定操作流程的事物,比如××设备操作培训、××系统操作培训等。思考决策类的课程,应对的是学员的思考模式,比如创新思维训练、问题分析与解决等。人人互动类的课程,应对的是会不断发生变化的人,比如销售技巧、教练辅导技巧等。因为应对的多变性,所以技能类课程的挑战就会更大。这三类课程在教学设计上有很大区别,我们展开说明。

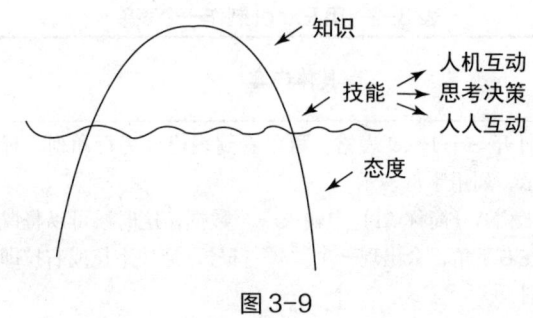

图3-9

## (一)实操演练:适合人机互动类内容,多针对物

我在培训中经常会接触到一些讲××系统操作的内训师,他们的苦恼就是:"我把操作的步骤都截图下来了,一步步讲,为什么学员回去之后还是不会呢?"学员不会也是正常的,那种放在PPT上的截图,

字小得什么也看不清，学员晕晕乎乎地听一遍，也没有自己动手操作的机会，能学会才怪。

对于人机互动类的实操培训，如果是大的设备操作，最好的学习形式是给学员设置模拟操作教室，让其可以实际动手操作。如果设置模拟操作教室有困难，内训师就多在现场拍些照片或视频，注意拍的时候用手机上的软件调整下色彩，不要拍得黑乎乎的，甚至可以把照片打印出来，发到小组让学员近距离观看。如果是小的设备操作，内训师可以把设备带到教室进行实物演练。如果是系统操作类的，比如PPT制作的课程，就让学员带电脑参加（见表3-2）。

教的要点在于形成操作清单：内训师需要把设备或系统操作步骤用清单呈现出来，明确告知学员按编码每一步要做什么，做到什么标准。接下来就是不断强化，让学员熟能生巧。

表3-2　用Excel制作一个表单

| 步骤 | 具体内容 | 完成情况 |
|---|---|---|
| 快速填充 | 1. 首先打开一个Excel表格，可以看到表格分为行和列。行用数字表示，列用字母表示<br>2. 在行1列A（简称A1）中输入一个数据，这时候可以将鼠标箭头放在右下角，会出现一个"+"符号，拖住下拉或右拉即可填充序列 | |

(续表)

| 步骤 | 具体内容 | 完成情况 |
|---|---|---|
| 自动求和 | 1. 鼠标选中所有要求和的数据<br>2. 点击 Excel 菜单栏的"自动求和"选项即可,结果会显示在数据后方 | |
| 快速排序 | 1. 对一串没有规则的数据进行从大到小或者从小到大的排序,可以选中这些数据<br>2. 点击菜单栏的"排序",选择"升序"或"降序",即可将数据进行重新排列了 | |

## （二）情景模拟：适合思考决策类内容，多针对事

训练思维，首先就要了解什么是思维。不要想得太复杂，其实思维就是一条生产线（见图3-10），包括原材料的输入（比如听到、看到的

内容），加工处理的过程（比如展开的思考），成品的输出（比如得出了某个结论，进而输出了某些行为）。

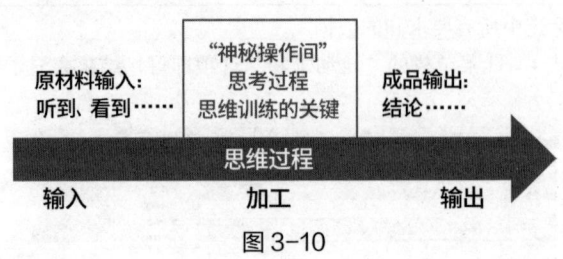

图 3-10

在整个思维过程中，最具挑战性的模块是加工处理的部分，人与人最大的不同就是这个模块的不同。很多内训师会认为这种能力训练属于"心法"，只可意会不可言传，但其实思维训练的相关工具挺多的，包括创新思维、结构性思维、问题分析与解决、商业决策等。思考决策类课程的训练方式，可以是前面提到过的有效决策类课程的案例分析，也可以是情景模拟。案例分析与情景模拟最大的不同是，前者提供了答案范围，而后者只提供了思考模板。

比如我们今天学习如何提升自己做决策的质量（见图 3-11），可以让学员模拟练习选工作、选房子、选车子，或工作中需要进行决策的场景。通过这样的情景模拟，强化学员的操作技能，使学员更容易将工具迁移至工作中应用。

在情景模拟练习的环节中，最具价值的内容就是思考模板。内训师一般很难自己编制模板，通过有效的学习找到一些成熟的工具模板，应用于课程中是可以的，但关键是内训师自己首先能够熟练操作这些工具模板，在讲解时能够提供示范，在辅导反馈时能够点出学员的不足并给予针对性的改进建议，这样才能真正帮助学员学习掌握工具。

| 决策制定工具表 | | | | | | | | | | |
|---|---|---|---|---|---|---|---|---|---|---|
| 决策目标描述： | | | A: | | | B: | | | C: | |
| 决策标准 | 限制条件 | | 信息 | 继续 | 停止 | 信息 | 继续 | 停止 | 信息 | 继续 | 停止 |
| | 期望要素 | 权重 | 信息 | 记分 | 得分 | 信息 | 记分 | 得分 | 信息 | 记分 | 得分 |
| | | | | | 总计 | | | 总计 | | | 总计 |
| 风险评估 | | | | | | | | | | | |

图 3-11

## （三）角色扮演：适合人人互动类内容，多针对人

人人互动类课程是非常有挑战的课程，因为操作对象是个人，所以充满了变数。比如销售，一样的话术对 A 客户管用，对 B 客户可能就不管用。如果你的课程内容涵盖人人互动的内容，建议你一定要用角色扮演的练习工具，因为这会真正地把培训教室变成训练场，提升培训实效。

角色扮演，顾名思义就是给学员分派不同的角色进行演练，从而提升他们的实战能力。这并不是一个新工具，但很多内训师的操作是有问题的，往往把角色扮演变成了表演课，找两位表演欲强些的学员，一位扮演销售人员，一位扮演客户，演得声情并茂，学员们哈哈一笑就结束了，这是非常失败的操作。

角色扮演的正确操作流程由还原场景、流程解析、强化练习三个阶段构成。

### 1. 还原场景

内训师要提供一个典型应用场景，帮助学员迅速代入。比如"管理者辅导面谈问题员工"的场景（见图3-12）。

> **人物介绍：**
> 你：一名集团班组长。
> 余管：一名客户经理，在你的班组内已经两年了，工作比较积极主动，算得上骨干员工。
>
> **案例背景：**
> 在班组内的一次评优结束一段时间后，你发现未评上优的余管情绪不太对。平时见你都笑眯眯地聊上几句的他，近一段时间见你也没了笑容，工作无精打采的。已经25日了，他本月的工作进度只完成了计划的55%，明显低于班组的平均速度，且他在本月工作中出现了两次较低级的差错，有一次还造成了客户的投诉。
> 你认为有必要与余管好好谈谈，请你好好准备一下，开始你的面谈。

图3-12

这种管理场景非常普遍，非常容易引起学员共鸣，因为可能他们不久前就遇到过类似的情况。为了让学员更有体会，我们可以先邀请两位学员上台演示，在这种情境下如何与问题员工进行沟通。这种练习会让内训师永远处于有利地位，如果学员演示好了，这就是一个完整的示范，内训师就可直接用这个演示进行流程拆解分析；如果学员没演示好，他们的学习缺口就被打开，学习兴趣会更高，这时内训师再进行正确示范，这就相当于有了正反案例的对比，有助于进行下一步流程解析。

### 2. 流程解析

任何一个技能操作类的学习，如果没有工具、流程、方法论，都无法进行能力的复制传播,所以我们一再强调,应用流程才是最有价值的内容。前面已经让学员有了直观的感受,接下来就是操作揭秘的时刻。比如图 3-12 的情景,辅导问题员工的谈话流程就可以分六步进行(见图 3-13)。

---

问题员工面谈六步骤:
(1)开门见山:直接而又明确地指出要讨论的问题
(2)描述问题:是否明确地指出了问题行为,提供了相关的证据
(3)询问原因:提问题让员工解释;是否积极聆听员工的解释,给他辩解机会
(4)引导认同:员工是否同意问题存在及其严重性,并找出问题产生的原因
(5)员工承诺:员工参与并制定出解决问题的方法或改进计划及衡量标准
(6)确认鼓励:员工总结确认了改进计划及衡量标准,并以鼓励结束

图 3-13

---

内训师可以结合上一阶段的演练,边回顾边讲解,以加深学员的理解和印象。每一步哪里做得到位,哪里需要改进,哪里是容易出错的点,都要讲到,这要求内训师真正将流程内化为自己的能力,并且平时有大量的应用练习,才有可能解析到位。

我曾见过一些内训师开发的课件,也设计了角色扮演,但往往只完成了还原场景,而真正有含金量的流程解析却没有体现,这样的内容就会导致内训师授课时随意性大,现场出现了某个问题才会指点一下,没有出现问题就忽略强调的现象。

### 3. 强化练习

示范和讲解结束后,要让学员进行强化练习。此时练习的场景就可以由学员自定,最好就是他们工作中很难搞定的场景。建议练习分为 3 人一组,两位角色对象加一位观察员。观察员拿着流程一步步对照练习者应用是否到位,每轮练习后要给予反馈。练习一轮换一次角色,假设

一轮练习10分钟，三轮下来就是半小时，这半小时的价值可以帮助学员真正掌握应用的技能，在未来工作中能够学以致用。

如果学员在练习过程中卡壳，内训师可把练习场景接过来再次进行演示，进一步帮助学员理解应用技巧，同时再次印证教授流程的价值与可操作性。内训师的实践经验要非常丰富，才能根据学员的现场演练，明确指出学员哪些步骤操作正确，哪些步骤操作不够规范，需要如何改进，使练习不会流于表面，带来真正的培训价值。

## 六、让学员愿意做的结束设计，画龙点睛，意犹未尽

结束的设计犹如画龙点睛，给学员留下意犹未尽的感受，同时让他们带着学习后的兴奋与憧憬回到工作中，在工作中应用学习内容。这是我们美好的期许，当然这个结果往往不会自然而然出现，需要我们花些心思。

### （一）结束需解决的三个问题

不管是章节小结还是课程结束，都需要我们快速且有效地进行收尾，其主要目的有三个。

#### 1. 加深印象

成人学习的特点之一是"理解力强而记忆力弱"，如果不回顾课程内容，你会发现刚下课去问问学员记住了什么，不少学员都会用迷茫的眼神看向你，顶多回忆出结束前讲的内容就不错了（近因效应）。学员记不住课程内容，就更不可能发生行为的改变。帮助学员加深印象最简单的方法就是重复，每个章节结束时进行小结，每半天课程后回顾前半

天的内容，第二天回顾第一天的课程内容，通过多次的重复来加深学员对内容的印象。当然，大家可能会担心这种形式会不会太单一、枯燥，下面介绍两个既有趣又有助于增强记忆效果的方法。

（1）画壁画。

这个方法适合于课程知识点比较多、课程时长至少1天的课程。在培训结束前留出半小时时间进行此活动，要求学员以组为单位，用10分钟的时间以画画的形式把课程要点呈现在海报纸上，不允许出现文字。这个任务会让学员快速进入兴奋状态，第一，如果要画课程要点，他们不仅得快速对学过的内容进行回顾，还要考虑如何将其变换成图形；第二，在画的过程中，画得好与不好都会让他们非常开心，因为这种形式本身就很有趣。10分钟时间后，每个小组进行壁画分享，这又是一个开心且能复习课程内容的机会，短短的一二十分钟，大家就至少对课程回顾了五六遍。

（2）击鼓传花。

把麦克风作为花交给一位学员，规定好麦克风传递路线，并提出两点要求。第一，音乐响起，开始传递麦克风，音乐停时，麦克风传到谁手中，谁就进行分享；摔话筒的人要接受小惩罚。第二，分享格式为"5—3—1"，即分享者要说出本次培训中对哪5个知识点印象最深，认为哪3个工具非常有价值，自己回去之后马上展开的1个行动是什么。如果时间不够，也可以变成"3—2—1"。然后选择一段充满激情的音乐，开始活动。这个活动既快速选出一些代表学员进行内容的分享，加深了大家的印象，同时又趣味性强，学员投入度高。

### 2. 强化理解

结束前是进行查漏补缺的最后机会，可以根据美国教育学家布鲁姆的教育目标分类（见图3-14），对所学内容进行不同层级的设问检验，看看学员对内容的理解是否正确、深刻，内训师是否需要进一步补充、强调，以使学员更好地应用所学。

图3-14

比如由浅入深地问：

（1）认知性问题：对知识的回忆和确认。"员工辅导面谈的六步骤包括哪些？"

（2）理解性问题：主要考查学员对概念、规律的理解，让学员进行知识的总结、比较和证明某个观点。"什么情况下需要对员工进行辅导面谈？"

（3）应用性问题：主要是指对所学习的概念、法则、原理的运用。"员工总是迟到，如何进行辅导面谈？"

以上三种问题属于初级层次的认知问题，一般有直接的、明确的、无歧义的答案。这个层级的问题很适合进行培训结束前的知识竞答，让学员能快速参与，加深他们对课程内容的印象。接下来三种问题属于高级认知问题，通常没有唯一的正确答案，从不同的角度有不同的回答。

（4）分析性问题：主要让学员透彻地分析和理解，并能利用这些知识来对自己的观点进行辩护。"为什么在此次信息安全事故中，各相关人员的责任各不相同？"

(5) 综合性问题：能使学员系统地分析和解决某些有联系的知识点集合。"从本次信息安全事故中吸取教训，怎样才能建立一个保障信息安全的体系？"

(6) 评价性问题：理性地、深刻地对事物本质的价值做出有说服力的判断。"怎样的信息安全保障体系是真正有效的？"

一般对于基层员工课程，或知识类、技能类的课程，可以通过初级层次的三种问题进行强化。对于中高层管理者课程，尤其是涉及理念、意识层面的课程，就可以通过高级认知的三种问题进行强化。

**3. 呼吁行动**

(1) "鸡汤"层。

在课程结束时，用一些心灵鸡汤来激发一下学员，期许他们更好地将学习内容应用在实际工作中。可以借助名人名言、经典故事等，也可在网络上收集一些激励性内容。比如网上流行过的公式（见图3-15），让学员进行测算，告诉他们不要小看每天的一点点进步，积累一年就小有收获，如果每天比别人努力一点，一年下来就让别人望尘莫及了；也不要小看每天一点点松懈，现在社会变化的速度越来越快，不进则退。将语言提炼升华一下："不积跬步，无以至千里；不积小流，无以成江海。"

$$(1+0.01)^{365}=37.8$$
$$(1-0.01)^{365}=0.03$$

图3-15

(2) "鸡血"层。

有时只靠鸡汤是不能促使学员转变行为的，毕竟再小的改变都伴随着痛苦，如果想让学员更好地应用所学，考核有时会更有效。鸡血层就弥漫起考核的"血腥"之味了。可以提供一份行为检验表，告之学员后续会进行360度评估（即学员上级、学员下级、相关同级、客户及自我评估），检验学员的应用情况，或让学员自己制订行动计划，交由学员上级进行定期跟进、监督、反馈，以此约束学员回到工作中坚持应用所学。

(3) "鸡肉"层。

很多学员回去后不是不想应用培训知识，而是有的知识点忘了、细节记不清了，很少有学员能够把培训手册随时带在身边。内训师可以为学员提供课程知识点卡片（见图3-16）、清单，以便学员在遗忘时可以随时查看，同时附上内训师的联系方式，让学员在遇到问题时可以找内训师进行进一步咨询。

图3-16

## （二）结束设计要避免的三个问题

在培训结束时，有三种不当的表现会影响学员的学习感知，是内训师需要避免的。

### 1. 草草结束

没有任何总结及收尾，课程内容结束就直接结束，就属于草草结束。新内训师常会出现这样的问题，因为自己还有点紧张，所以想快点讲完快点结束，往往就忽略了结束时的回顾与延伸。

### 2. 不讲遗漏

千万不要在回顾时告诉学员有某个知识点忘讲了。一方面，快下课时再讲新内容，学员已经没有心思听了；另一方面，会让学员感觉内训师没有准备充分，从而给学员留下了不好的印象。

### 3. 不要超时

很多内训师都特别有责任感，认为难得组织一场培训，一定要把该讲的都讲完。但如果忽略了时间，下课时间马上要到了还在侃侃而谈，虽然你认为讲的内容很关键，但大多数学员的心思已经不在课上了，学习效果也会大打折扣。

超时或讲得快都是内训师对于课程节奏把握不到位的体现，接下来分享一个备课利器，用于改善这方面的问题。

## 七、用思维导图进行全流程备课，让思路清晰

第二章我们建立了课程内容的骨骼框架，让课程内容逻辑清晰。第三章我们开始围绕着内容优化授课形式，用血肉把骨骼包裹进来，让课程生动且有效。但在上课时，我们不能把这两个模块割裂开，要把骨和肉糅合在一起，才能把课程讲好。如何糅合在一起？一些新内训师常用的方法就是写稿子，把自己要讲的内容都写出来，当然还有些内训师更

省事，把稿子直接搬上 PPT。如果这么做，那就是读课而不是讲课了。

我们需要一个工具，对整个授课思路进行梳理，以达到行云流水的授课效果。本节针对备课这个环节，具体谈谈该如何应用思维导图工具。

首先，内训师可以准备一张 A4 纸，用手绘的方式进行思维导图整理，这样可以更有效地增强记忆效果。手绘的方式如下：A4 纸横着放，在中心点写上课程名称，分支从右上角开始，顺时针旋转，在左上角结束。这个思维导图是帮助你厘清思路的，所以不用考虑插画或颜色的问题，用一支水笔和一张 A4 纸就可以完成。

我们先回顾一下在第二章画过的课程结构图（见图 2-7），是用金字塔结构体现出来的。

如图 2-7 所示，课程包含三个分支，即有三节课程内容，如果体现在思维导图上要画几条分支？不是三个，而是五个。因为要把开场和结束的分支也单独画出来，并且要把设计的授课形式也填充进去。

图 3-17 展示了完整的备课思维导图。

至此，备课思维导图与课程内容金字塔结构的区别一目了然。金字塔结构是对授课内容最严谨的体现，需要符合结构四原则，但不能随意添加授课形式，否则就会出现结构不清晰的现象，建议内训师在整理课程内容时应用该工具，使课程结构清晰。思维导图的应用更加灵活，可以把授课内容和授课形式融合为一体，让内训师既知道要讲什么，也知道要怎么讲。

用思维导图备课有三大好处。

第三章 交互设计：激活课堂，过程愉悦

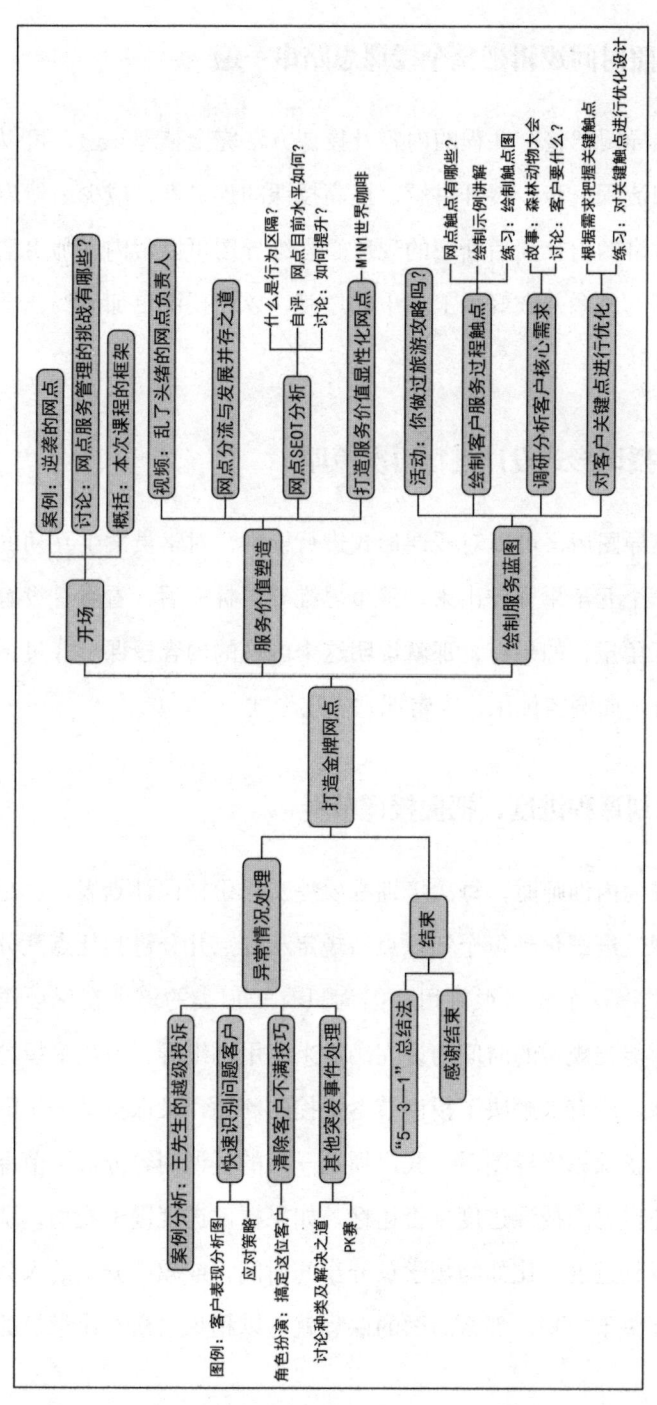

图 3-17

### （一）按照时间逻辑把整个授课思路串一遍

运用思维导图把整个课程的内容及授课方法完全整理一遍，可以帮助内训师按照流程一步步展开讲解，提高授课的连贯性，减少因遗忘章节内容而导致讲的内容前后断裂的现象。思维导图可以帮内训师更清楚章节内容之间的关系并做好承上启下的过渡，以让授课更加流畅，学员的学习体验更好。

### （二）对授课形式设计进行再次梳理

完成思维导图后，可以对授课形式进行检查，对学员发生互动的部分，可以用一个五角星标注出来，整个思维导图标完后，看看有没有某个区域没有五角星，如果有，那就说明这个区域的内容授课形式过于单一，可以进行定向调整优化，丰富课堂表现形式。

### （三）规划课程进度，把握授课节奏

我在刚成为内训师时，每次培训都要提交一份授课计划表，就是要把自己的授课进度细化到每个知识点，规定从几点几分讲到几点几分。刚开始我就觉得这个表格很难用，因为只有知识类的培训在保证语速的情况下，才能在规定的时间内讲完。后来我用思维导图取代了授课计划表进行备课，既有效解决了授课节奏把控的问题，又保持了一定的灵活性。绘制了备课思维导图后，我习惯把一天的授课内容分成4节课，在上课时关注自己的授课进度是否达标。如果授课进度慢于规划，那么下节课就要赶赶进度，比如缩短学员分享的时间，或减少分享的人数。如果授课进度快于规划，那么后面的课程就可以稍稍放松，让学员的练

习、分享更加充分些。

特别不建议为了赶时间，而把相应的交互设计取消。内训不易，有时是体现在时间紧张上，比如一个正常耗时一天的课程，内部培训就只给两个小时，还要全讲完。很多内训师的做法就是把交互设计全部取消，只留下所谓的"干货"。当然这样的培训讲完后，学员也噎得差不多了。在时间有限的情况下，也要"宁减内容，不损配置"，可以通过分解课程模块形式，先讲最重要的知识点，但匹配的授课形式要保留，确保上一次课有一次课的效果。

## 总结

本章主要从授课形式设计角度，分享了如何通过有趣的交互设计，提高学员培训参与的积极性及有效性，从而帮助教学目标的达成。先澄清了交互的概念，说明不是培训现场热闹就叫"互动性强"，而是要选择合适的内容匹配相当的方式，使学员在参与的同时完成评估与针对性反馈，并介绍了成人学习原理及在培训中的应用。

一场培训完整的流程分为三大阶段的设计：让学员愿意听的开场，帮助其听得懂、参与思、学会用的主体，使其愿意做的结束。具体的方法和技巧你可尝试着设计及应用。最后用思维导图完成对授课流程的梳理，让自己的思路清晰且流畅。现在，你是不是更有信心上台开启你的授课之旅了？

成长小故事

## 坐着"火箭"成长

10年的企业内训生涯，如果要从中选一件对我成长最有帮助的事，应该就是版权课程内化这件事了。公司从2004年起，每年至少会引进一门版权课程进行内化，内化过程分为4个步骤。

一定人选：根据课题及目标受众从内训师队伍中选拔合适的人。

二讲师训：讲师训不是把几个人派出去听课，再回来转训，而是把授课讲师请来，先把课程完整地讲一遍，再另外增加授课时间进行辅导，手把手地教内训师该如何讲好这门课。

三消化课：授课讲师走了，我们承接这门课的内训师至少要再集训两三次，轮流抽签演练授课，考核合格的内训师才有轮训资格。

四轮训课：制订轮训计划，安排考核合格的内训师前去授课，平均一年一位老师能讲十几遍，差不多就能把课程消化得很好了。

这种理念即使放到现在，做过的企业也不多，更何况是在十几年前。大概列举些我们曾内化过的课程："管理教练技术""向下管理高尔夫""TTT授课技巧""创新思维技术""FISH的哲学""沟通影响技术""职业生涯分析与规划""高效能人士的七个习惯""时间管理及有效工作规划"等。这还不包括外包定制开发的课程，比如"客户经理三项修炼""渠道经理的职业化塑造""营业厅管理系列"等课程。

对当时的我来说，参与这些课程的内化，相当于站在巨人的肩膀上，拔高了我的视野，让我看得更高、更远。举个例子，2005年我承接"向下管理高尔夫"课程，开始在内部授课。版权课的好处就是设计精良、标准化教材完备,记得这门课是所有版权课中教材最厚的,大概有500多页。第一年讲这门课时,我基本都是抱着教材去讲,学员在下面讨论,我就赶快看答案。即使这样,这门课我从第一次讲,授课满意度就没有低于95分。这是因为我授课技巧高超,还是我在管理领域功力扎实呢?当时我也不过入职3年,资历尚浅,自知之明还是有的,课没上砸,80%都是课程设计的功劳。所以,我常说:"好的课程设计会降低对老师授课能力的依赖。"这真是我的经验之谈。

这种内化课程的做法至少有3个好处:一、保证了内训课程的质量,不把员工当小白鼠试错;二、课程量大的情况下,培训成本一定是下降的;三、快速提高了内训师的授课水平,见识过好的课程是什么样,即使以后自己依葫芦画瓢地制作课程,质量也不会太差。我参与内化的课程大概有十门,我最大的收获不仅仅是这些课,而是通过这些课程,我对课程开发更有心得了。

我觉得未来中国培训市场的成熟一定会体现在企业开始愿意给后端研发课程埋单,而不是只对前端的授课埋单。这样才会有更多的人愿意投入到高质量的主题研究、课程研发中,为中国企业带来更具价值、更有针对性、更易落地的好课程。所以,我把我的经历分享了出来。

## 第四章
# 精彩演说：理性话题，感性演绎

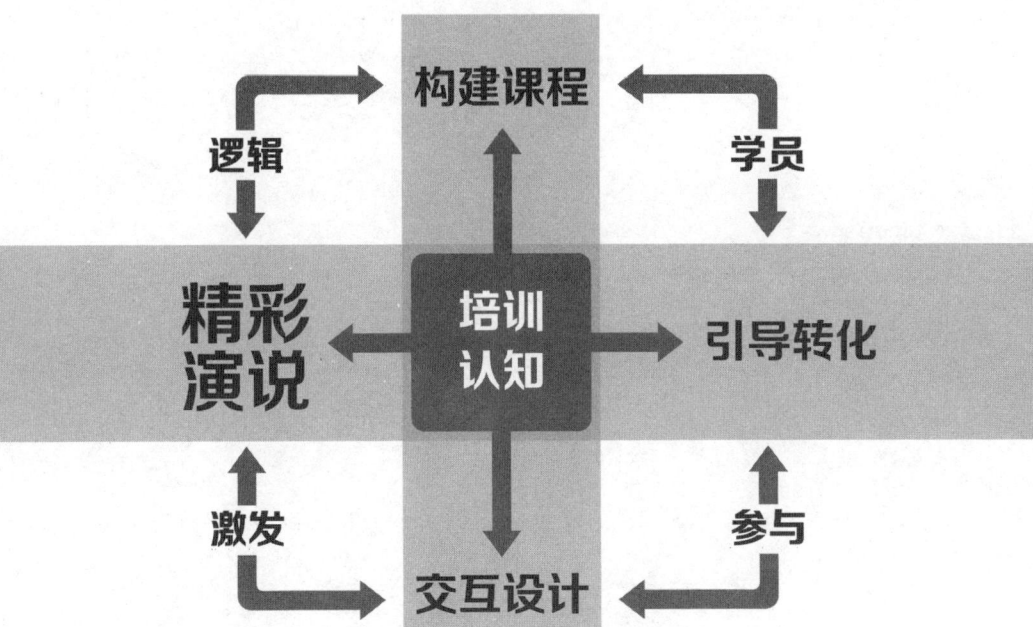

## 第四章 精彩演说：理性话题，感性演绎

现在，戴上你的皇冠，闪亮登上舞台，这是你的主场，尽情挥洒风采。在课程内容整理阶段，内训师要建立的核心意识是，以学员需求为中心，最好的课程就是变学员问题为课题的课程。但到了登上讲台开始授课的那一瞬间，要建立的意识是，教室就是你的地盘，你的主场你做主。前后有矛盾吗？没有。这就像你请朋友去你家吃饭，出于诚意与体贴，你会根据朋友的喜好来确定菜品，以使朋友吃得尽兴、玩得开心，但终归是你的家，你做主。

内训师要在课堂上展现出对课程驾驭的自信与能力，才能吸引学员的注意力，并且影响他们的行为。本节重点帮助内训师更自信地走上讲台，更有感染力地完成授课。这个阶段的训练重点在于亲和力与说服力的塑造（见图4-1）。亲和力即"使人亲近、愿意接触的力量"，说服力即"说话者运用各种可能的技巧去说服受众的能力"。授课过程需要这两种力的共同作用，缺一不可。如果只有说服力，没有亲和力会怎么样？人都是感性动物，他认可你这个人，就会更认可你说的话，如果不认可你这个人，你说得再有道理，他也会找到很多理由来反驳你。反之，如果只有亲和力，没有说服力，讲的内容会让学员觉得没什么价值，但毕竟是在企业内部上课，如果他们觉得你人挺好的，一般也给你面子，抱着同情的心理听你讲完。如果亲和力和说服力都没有，想把学员留在培训教室里，就只有靠严格的培训纪律了。所以，本节重点谈谈如何提升亲和力与说服力，从而提升内训师的课堂影响力。

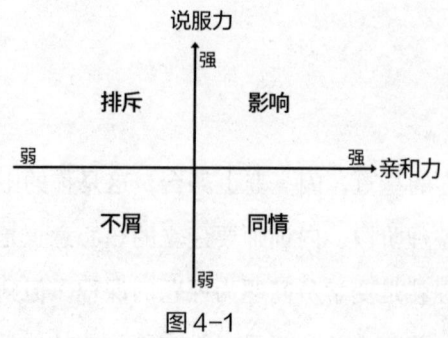

图 4-1

## 一、建立亲和力，学员认可你，才会认可你的内容

培训不是无聊的宣贯，如果想提升培训效果，请努力营造轻松、愉悦的学习氛围，加速学习效果的产生。尤其是身为管理者的内训师，要注意授课时的角色转换，不要把严肃的管理状态搬到学习中，压抑的氛围会让培训效果大打折扣。在培训中展现亲和力，最简单的技巧就是微笑着说话，既可以缓解你紧张的状态，又可以快速拉近你与学员间的距离，还会营造一种良好的学习氛围，一举多得。从现在起，扬起你的嘴角，笑一下吧。

当然亲和力的提升只靠笑就太表面化了，内训师如果想要进一步提升自己的亲和力，需要由内而外地塑造自己，包括建立自信且利他的心态，通过富有感染力的声音与肢体动作，传达希望帮助他人成长的情怀。

### （一）态度决定一切

建立自信且利他的心态，可以帮助新内训师突破内心的压力，顺利走上讲台。

## 1. 帮助者心态：帮助他人成功

之前我在一家企业进行内训师辅导时，一位内训师和我谈他的授课困惑。他是一位给基层员工讲服务标准的老师，课程内容就是教员工如何正确服务，减少被检查扣分，而他的困惑是在上课时，经常会被学员提出的擦边球类问题问住，例如"过线扣分，挨着线扣不扣分"。我当时也对他的问题感到困惑，甚至想是不是因为他对标准还不够熟悉，导致回答不了学员的提问。

后来安排这位内训师进行了15分钟的现场试讲，一下发现了他的问题所在。他在台上讲课时，下巴抬得很高，歪着头，斜着身子，食指指点着学员，用一种傲慢的语气说道："你们别以为我们这些检查人员都是傻子，我们就是不想查，不然一查一个准。"想象一下，如果你是学员，坐在下面会有什么感觉？很挑衅，不受尊重。这就可以知道为什么这位老师经常被学员的问题难住，学员估计也不是真正想知道那些刁钻问题的答案，而是想出口恶气。

我们之所以成为培训师，不过是"闻道有先后，术业有专攻"而已。放平自己的心态，不要高高在上，带着一颗帮助他人成长之心，能帮助你更有耐心地辅导学员成长，在成就他人的同时成就自己。

## 2. 自信心塑造：最大的敌人是自己

在企业中，不少有潜力的专家止步于此，因为站在讲台上的感受太痛苦了，于是他们不再锻炼自己，顺便给自己贴上了"内向""不善言谈"的标签。希望大家在看完本节内容后，能对建立自信有更深层次的认识，并且能够根据相应的技巧化解怯场，潇洒走上台。

相信大家都有过怯场的经历，通常紧张发抖，面色涨红，大脑空白，声音尖细，两腿发软。怯场并不丢人，这是一件挺正常的事。人只有对一件事越重视，才会越紧张。紧张的倒 U 形曲线（见图 4-2）显示，有时适度的紧张会让我们的表现更出色，让我们更投入；但过度紧张就会起到反作用，使我们不能正常发挥，影响他人对我们的感知。刚开始练习的时候，不要追求紧张感能一下消失，只要能控制好紧张的表现，别让别人看出来就行了。

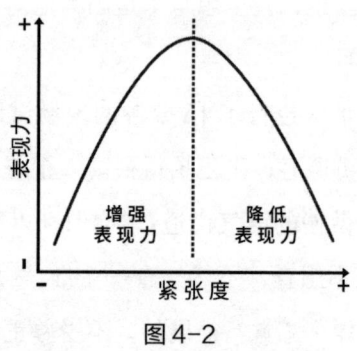

图 4-2

对于自信建立，我把它分了三层技巧，分别是表层、中层和深层。表层是我们化解怯场最为熟悉也是最常用的方法，比如深呼吸、放慢语速、喝温水、活动四肢等，只是这种化解方法治标不治本，只适合应急处理。

下面重点谈一下中层的怯场化解技巧，分为两大类方法，分别是充分准备和积极暗示。

（1）充分准备，包括内容准备、场地准备、破冰准备。

①内容准备。

"不打无准备之仗"说明了充分准备的重要性。即使是演讲大师，往往也不会把他们的处女秀直接展现给观众，他们一定会进行几次甚至十几次的演练与改进，确保自己对内容非常熟悉了才会展示出来。这样做的好处就是，就算很紧张，依然可以凭借对内容的熟悉，靠"自动驾驶"把东西讲出来。建议内训师在第一次上课之前，对着镜子、对着家人先试着讲两三遍，或者可以用脑海中过电影的方法，在晚上睡觉前、在路上，想象自己进入教室，学员都已经坐好了，应该怎么样问好，大家会怎么样回应，然后怎么样展开课程的内容……通过这样的练习，来加深自己对内容的印象。要知道，对内容熟悉不仅仅是对学员负责的体现，更能保护你的自信心。

一位老师讲课，但准备得不充分，学员肯定是能感受到的。因为这位老师会读得很生硬，缺乏连贯性，眼睛只停留在课件上。这样的表现不仅会给学员留下"这位老师不负责任，听这样的课真是浪费时间"的印象，也会让学员产生抵触情绪，"不想再听下去"，从而在课堂上分心。学员分心或抵触的表现反过来也会影响老师，他的内心会告诉自己："看！就说我不适合讲课吧！"这种不好的感受会让老师快速自我否定。

所以自信心是从哪来的？它一定是一个相互作用的过程。爱好的培养路径往往是，开始做这件事做得还不差，于是有信心和动力继续做下去，结果越投入做得越好，最终形成你的特长。所以大家在开始时不能一下把讲课给搞砸了，这样就很难保持兴趣、形成爱好了，可能就关掉了一扇能让自己成长得更快的门。所以建议内训师把内容准备充分，不仅仅是对学员负责，更多的是对自己负责。

②场地准备。

很多企业都实行 5S、6S 管理，这种管理模式的核心在于环境对人的影响是潜移默化的。我们上课时也会出现这样的情况，在一个熟悉的环境里面讲课和在一个不熟悉的环境里面讲课，心理状态是完全不一样的。建议各位内训师，以后要讲课最好提前半个小时到会场准备好所有的东西，确保各项设备设施都已经到位，那你在上课的时候就能够更从容地讲授内容。同时还要考虑，课程中的交互设计环节通过什么样的教室布局更易达成？如果场地不能更改，你的教学设计是否要提前考虑变化？思考、准备越充分，上课越游刃有余。环境陌生、欠缺准备会平添很多无谓的障碍。千万不要踩着点到教室，慌慌张张地准备东西，忙忙乱乱地上课，一点小问题就导致卡壳了。

③破冰准备。

如何让学员在上课前快速进入状态？如何更多地了解本班学员？内训师可以试试视觉引导的技巧，画一些海报布置在教室中，与学员提前进行互动，正好使早到的学员有事可做，不至于无聊而又尴尬地等待。

a.学员参与类海报。图4-3为"课前评估"海报，是结合课程内容进行绘制的。内训师可为每组学员准备小圆贴，引导其在上课前进行选择，帮助内训师了解本班学员的现状。另外，参与类海报还可以包括让学员写座右铭、写对课程的期许、提出问题等。

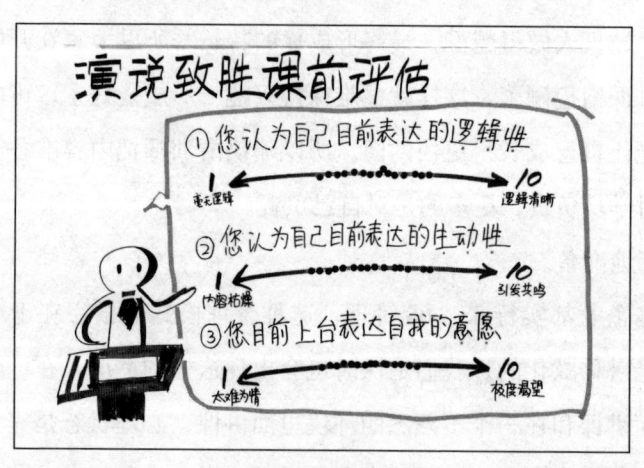

图4-3

b. 课程要点类海报（见图4-4）。课程要点类海报，即将课程核心要点、亮点进行提炼，绘制而成的海报。其独特的表现形式会引发学员的好奇，甚至有的学员会拍照留念。

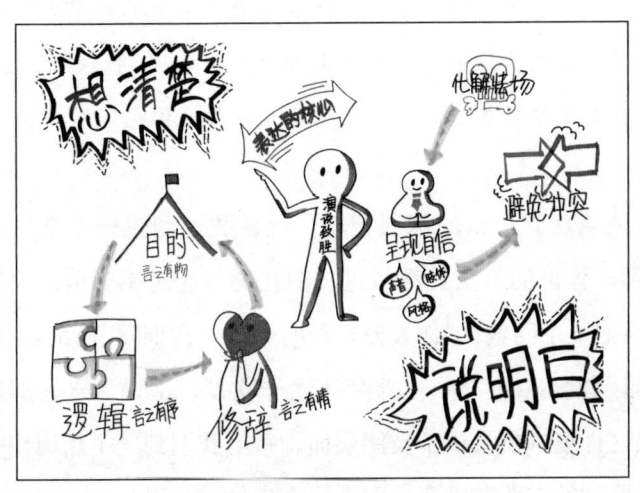

图4-4

除了制作海报，还可将课程所需准备内容制作成"课前物料准备清单"，避免遗漏。

（2）积极暗示。

积极暗示技巧至关重要，很多内训师无师自通地都在使用此技巧，只不过有些使用对了，有些使用错了。可以想象一下这样的场景：马上就要上课了，你站在讲台旁边，看着时间一点点过去，教室里的学员越来越多，这时你的心里很忐忑，开始对自己说点什么来平复心情，大概说得最多的就是"别紧张、别紧张，别害怕、别害怕"，可是越想越紧张，这就是一种错误的暗示。

还有些内训师通过贴标签的形式否定自己，比如"天生内向""不善表达"，这些都属于负向的暗示，会成为遏制他们发展的障碍。要学会对自己进行积极暗示,"放轻松,我已经准备好了,我可以的"。

多年前我参加一个比赛时告诉自己,"他们花1000万元才把我请来,我得亮点绝活",这样幼稚的暗示带来的结果就是我赢得了第一名。当然,这并不是说只靠暗示就可以得到这样的成绩,而是说在准备充分的基础上,积极暗示可以帮助你稳定发挥。

最后谈谈建立自信的深层技巧。以前我遇到过一个学员,他告诉我:"老师,你讲的方法我都用过,但我觉得还是不管用,我还是好紧张。"我问他一个问题:"你大概多长时间讲一次课?"他跟我说:"半年多吧。"问题就出在这里——半年多上一次课,上讲台永远都是新手状态。讲课这件事本质上属于技能层面。每当我们到一个新岗位的时候,总会觉得要学的东西非常多,而在这个岗位上干得越久,就会越得心应手,很多曾经觉得棘手的问题也会轻而易举地解决,这就是熟能生巧,讲课也一样。自信的建立需要先系统脱敏,比如你怕水但又必须学游泳,那么可能刚开始拿一盆水,把头扎进去练习,然后在浴缸里练习,再后来在浅水区练,慢慢就练成了游泳高手。讲课也是如此,刚开始试着对几个人讲,讲到自己觉得已经流畅了,再增加一些人。刻意练习的核心就在于设立一个小目标去挑战,当水平稳定后,再提高一点目标去挑战,挑战的方向可以是学员人数、学员级别、内容深度、呈现形式、授课时长等多个维度。

## (二)不要因"嗓子"拖累了梦想

正确的发声不但是对声带的保护,更是个人形象的一部分。《冰鉴》

中提到声音,"闻声相思,其人斯在,宁必一见决英雄哉",意思是能听到声音就知其为人,不必非得见面才能分辨出他究竟是英才还是庸才。不好的发声"出而不返,荒郊牛鸣;急而不达,深夜鼠嚼;或字句相联,喋喋利口;或齿喉隔断,喈喈混谈。市井之夫,何足比较",意思是发声后,或散漫虚浮,缺乏余韵,像荒郊野外的老牛哀鸣;或语速急切,断断续续,像夜深人静时老鼠在偷吃东西;或嘴快气促,一句紧接一句,而又语无伦次,没完没了;或口齿不清,吞吞吐吐,含混模糊,这些说话声都属于市井之人的粗鄙庸俗的声相。而好的发音"开谈多含情,话终有余响,不唯雅人,兼称国士;口阔无溢出,舌尖无宛音,不唯实厚,兼获名高",意思是说话的时候饱含感情,到话说完了还有余音在耳,这种人不仅是温文尔雅,还可以称得上是社会精英;说话的时候,即使口阔嘴大,却声气控制自如;即使口齿伶俐,却不矫饰轻佻,这种人不仅内在素养深厚,而且会获得盛名隆誉。

大家如果仔细观察,会发现身边的人主要通过两种发声部位进行发声。一种是发声部位靠前,感觉是从嗓子里出来的声音,听上去比较尖、细,嗓门大些就会让人觉得声音刺耳;如果是女生,声音听上去就会缺少力度。另一种发声部位靠后,感觉声音浑厚有力、气息通畅,听上去更自信、更有力量感。

我属于先天发声靠前的,记得第一次上课,半天时间就把自己的嗓子喊哑了。当时我也找过很多专业人士学习发声,但发现学习时间长且效果不佳,后来在殷亚敏老师的《21天掌握当众讲话诀窍》一书中找到了更适合普通人快速改善使用的方法。我当时用这种练声方法练了十几天,音质发生了很大的改变,最直接的效果就是曾连续22天上课嗓子没有哑。如果你觉得自己讲话久了嗓子不适,或是声音听起来不够沉稳,那么就开始一起练吧。

**1. 气者音之帅**

所谓"气乃音之帅",练声之前先练气,练气的基础在于呼吸正确。先来检查下自己的呼吸:先站立,将一只手放在胸口,一只手放在上腹部,然后正常呼吸,感受是哪里在吸气时鼓起。如果两个地方都鼓起,说明你在深呼吸,而非自然呼吸。如果是胸口在吸气时鼓起,而上腹部不动,甚至还会缩进去,说明你的呼吸太浅。正确的方法应该是上腹部在吸气时鼓起,而胸口不动。调整方法是,睡前平躺在床上,一只手放在上腹部(加强练习可在上腹部放一本厚厚的书),感受吸气——上腹部鼓起,呼气——腹部和后背挤压着把气息吐尽,每晚 5 分钟。练习到吸气时胸口不动,而上腹部鼓起。

(1)练气。

有了呼吸的基础后,再开始练气。其实非常简单:用悄悄话练气。可以先用两根手指放在嗓子上,出声说一句话,什么感觉?声带在振动。再用悄悄话说一句话,什么感觉?声带没有振动,是气息发出的声音。

气息训练分为两个阶段。

第一阶段:每天 15 分钟,一共 10 天。用悄悄话读报纸或绕口令(如果普通话不好就读绕口令,顺便纠正发音),读的方法非常重要,"慢读、大出、大吸",即读得慢些,大量出气,大量吸气。读完 15 分钟后,正确的身体感受是上腹部会发酸,那就说明练到位了。没练对的身体感受有两种:一种是读了 15 分钟没感觉,说明你的出气量太小了,练得太随意;第二种是读到头晕,说明你的出气量太大了,像吹气球一样,大脑缺氧了,应把气收一些再练。

第二阶段:每天 15 分钟,一共 10 天。还是读报纸或绕口令,但这次有些变化,要少量出声,大量出气,能感觉到气息非常通畅地从腹部通过喉咙再发出声音,声音虽然不大,但不是压着嗓子说话,一直保持着流畅的气息,能感受到声音是靠后的。这个阶段是上个阶段的加强版,很可能读了一分钟后,你就开始感觉到上腹部在发酸了。这个阶段练习完,试着保持气息发声的身体感受并且把声音放出来,声音是大还是小,都是由气息控制的,而不是用声带扯着喊。

加油练习吧。

(2)气虚。

在企业内训时,我还遇到过一些很优秀的女内训师,她们告诉我,有时只是讲一两个小时就已经感觉"身体被掏空"。这样的老师往往是因为身体虚弱、气虚,导致不能长时间讲话。平时应加强运动,从散步到慢跑,或跳跳有氧操,提高身体素质。同时,可以用西洋参片或黄芪泡水喝,改善气虚现象。

平时也要多注意保健,比如在讲课过程中不要喝冷水刺激嗓子,不要吃辛辣油腻的食物。

**2. 演讲腔发声技巧**

吐字清晰、浑厚有力、不急不躁的声音能让别人感觉到你的自信与坚定,让你能用更好的声音传递你的课程内容。

(1)语音:清晰准确。

有些企业内训师会问我"是不是培训必须讲普通话",其实视学员而定。如果我们企业的员工都是当地人,大家平时就习惯说方言,那么你用方言讲是没有问题的。但如果企业的员工来自五湖四海,或是你未来要走向全国,那么讲普通话就很重要了。南方人学习讲普通话是有些挑战的,但我身边仍有不少培训师坚持通过听广播、读报纸和绕口令等方式,改善自己的发音,使课程内容能够清晰传递,看来有改进的意愿非常关键。

影响语音的不仅仅是普通话不标准，还有吐字不清晰。我发现身边总有一些人，他们的普通话不错，但说话还是会让别人觉得含糊不清。仔细观察，他们说话时嘴好像不怎么动，声音就呜拉呜拉出来了，这样说话很容易吃字吞音，让人听不清楚。这个现象主要是唇部肌肉无力导致的，改善的方法就是经常闭着嘴，用舌头在牙齿和嘴唇中间打转，运动唇部肌肉，每天5分钟；并且在说话时放慢语速，让自己在发音时咬字归音到位。

给大家分享一个科班的咬字归音的练习口诀，节选自《演员艺术语言基本技巧》一书，大家可以多读几遍：

学好声韵辨四声，阴阳上去要分明，部位方法须找准，开齐合撮属口形。

双唇班抱必百波，抵舌当地斗点钉，舌根高狗工耕故，舌面机结教坚精。

翘舌主争真志照，平舌资责早在增，擦音发翻飞分复，送气查柴产彻称。

合口忽午枯胡鼓，开口河坡哥安争，嘴撮虚学寻徐剧，齐齿衣优摇业英。

低颚恩音烟弯稳，穿鼻昂迎中拥生，咬紧字头归字尾，不难达到纯和清。

(2) 语速：适当控制。

到底用什么样的语速上课才是合适的呢？一方面，现代人生活节奏越来越快，不少听书的软件都有了倍速播放的功能，如果讲课语速过慢，会让学员觉得拖沓；但另一方面，内训师往往越紧张语速越快，很容易出现"嘴跑到脑子前面的现象"，下一句要讲什么想不起来了，就开始用口头禅去填充空白，"嗯""啊""就是说"……。所以，对于语速，没有严格的规定，遵循下列"三慢一快"原则即可。

①越紧张，语速越要放缓。这样做不但能平复自己的情绪，也有助于引导学员的情绪。就像在飞机上有颠簸时，空姐语速平缓地提醒大家不要紧张，可以帮助双方稳定情绪。

②讲不易理解的内容时，语速要放缓，同时要注意恰当的重音。比如讲新的概念，要给学员思考的空间时。

③如果发现自己有说口头禅的习惯，就要放慢语速。在想说口头禅时，运用停顿，把口头禅跳过去，增加语言的流畅性。

④讲易理解的内容时，语速可以加快，同时注意语音、语调和语气。比如讲故事时。

（3）语调：抑扬顿挫。

在讲课的过程中，让学员最煎熬的还不是内训师对着课件宣读课程，而是内训师用念经似的语调读内容，"嗡嗡嗡……"，一会儿就把学员嗡入梦乡了。还有一些内训师在台上讲话给人感觉没精神。这都是因为语调发生了问题。调整语调最简单的方法就是五阶练音法。试着唱下"do、re、mi、fa、sol"，平时发声没精神的原因往往是用 do 或 re 调发音，声音往下走，显得没精神，建议上课最好用 mi 或 fa 调发音，显得声音上扬有精神。

有一位内训师问我，为什么他在上课时学员总反馈他很像"搞传销"的。我让他试着讲一段课程，结果发现他的语调一直在 sol 调。如果在刚开场用 sol 调，会显得很热情，但一直用这个调就会显得过于亢奋，正常授课时调至 mi 或 fa 即可。

（4）语气：恰如其分。

一般上课时用到的语气有四种，分别是——

① 低沉、缓慢：用于不好的情景，如失败、破灭、惨淡、忧伤、伤感，或用于留恋、回忆情景。

② 正常、匀速：用于评论或一般性情景。

③ 高亢、快速：用于好消息、节日气氛或紧急情景。

④ 有力、冷峻：用于气愤、严厉、责备等情景。

要根据课程内容来调整自己的语气，女内训师尤其要注意，不要用跟孩子讲话的语气上课，太温柔的语气会降低对现场的驾驭力，要在语气中体现力量感，可通过气息练习来调整音质。

## （三）既然为人师表，就要有师者风范

以前我们对肢体语言的认识是，内心自信就会表现在肢体上，即自信是种由内而外的影响。但现在心理学的研究告诉我们，其实反向也是成立的，即如果多表现出自信的动作，也能够帮助你更自信。内训师要学会在上台前让自己兴奋起来，我常用的方法是，保持微笑、快步走动、内心祈祷"希望能给学员更多收获"、听些能激活自己状态的音乐。但不管怎样，记住这是你的主场，你要头戴皇冠，走到讲台中心，面带微笑环视你的学员，让自己的肢体动作打开，开始你的表演。

企业内训本质上强调"内容为王"，学员不会把注意力都放在你的外在表现上，只要你不犯原则上的肢体语言错误即可。所以本节内容是送分题，做得好可以增加你的课堂魅力。

## 1. 站出精气神

内训师站在讲台上讲课，最常出现的问题有两个：一个是偏台，不少内训师一上台就往边上躲，不敢站在中间；一个是乱动。

往边上躲的内训师给人的第一印象就是不自信，他们想找到一个遮蔽物躲起来，最常找的地方就是讲台的两个角——一般都有桌子在前面挡着。有次我问一个内训师为什么一上来就往旁边躲，她说怕挡着PPT。要知道，内训师在培训时，PPT只是视觉辅助工具，它永远是配角。尤其在刚开始上课亮相时，内训师更要大大方方地走到讲台中间，保证自己处在C位（核心位置），能接触到在场所有的目光。在讲授过程中，如果需要学员看PPT，内训师再移步到讲台侧面。不需要学员看PPT时，则要回到讲台中心。如果学员开始进行练习，内训师可走近各小组，近距离评估学员的表现。

乱动是指内训师在讲台上步伐零乱地移动或乱晃、跺脚。我们评价一个老师台风稳，主要就是指下半身动作稳，没有太多杂乱的动作，能用站姿体现自己的精气神。内训师在讲课时，要尽量保持下半身动作稳，女老师不要跺脚，一上一下；男老师不要左右晃，如果你发现自己有左右晃的习惯，就两脚并拢站立，这样双脚受力均匀，就不会出现左右晃的现象了。同时减少自己边讲课边溜达的情况，宁可让自己刚开始固定在几个点之间移动，也不要像笼子的困兽一样焦虑不安地走来走去。当然，这并不是让你就像一个桩子一样，从头到尾钉在一个点上，但至少保证你的走动不会多到干扰学员的注意力。你的移动可以根据课程内容进行，比如"分三步走"，一步步和内容结合；可以根据现场需求进行，比如要突出PPT时移至讲台一侧，或在互动时接近学员等，总之要呈现端庄稳重的姿态。

## 2. 用目光建立交流

不少内训师受过一些观点的误导，比如"如果你在台上紧张，就把下面的人想象成土豆、地瓜"，于是你就发现这些内训师站在台上讲课是不看学员的。想象一下，如果你去朋友家做客，朋友从头到尾都不看你，你有什么感觉？觉得自己被冷落了，对吧？其实这个观点并不适合培训，而适合演讲场合。如果你要做演讲，下面黑压压地坐着一片听众，你站在闪亮的舞台上，想和某个听众交流眼神也难，所以你把他们想象成土豆、地瓜也没什么问题，开始讲就可以了。但培训不行，要想培训效果好，就要让学员参与到课程中，不能只是内训师自嗨。如果内训师从头到尾不看学员，学员就会觉得自己就是个道具，被动坐在下面看表演。

眼神交流等于建立连接。内训师在课堂上用眼神与学员建立连接，让学员不再认为自己是局外人，于是把注意力集中到了课程现场。

记得我刚开始做内训师时，老师给我们的训练非常刻板，要看每个学员3秒再移动眼神，换个人看。其实没必要那么复杂，就是自然地和每个人聊几句，自由地在教室里完成眼神的切换，不要忽略任何一个人。

有些内训师与学员的眼神交流不好，是因为他们不习惯看着别人的眼睛说话，这种习惯不一定是在课堂上才有的，有时在工作、生活中也会如此。心理学的研究结果显示：两个人视线相交时，停留较久的那位决断力会更高，意志也更坚强。所以，可以先从习惯看着别人的眼神说话进行练习，和家人进行眼神对视，或和同事交流时看对方的两眼到鼻尖的三角区，也可以练习对话时关注对方两眉中心点，这个位置会增加你的主控性。

### 3. 手势打开，气势自来

手势难度最高，很多内训师认为如果站在台上，手上不拿东西，手就像多余的一样，放哪儿都不舒服。当然不能双手抱臂站在学员面前，因为这种身体语言代表着排斥、拒绝、自我保护，而抱臂的变形动作同样是我们需要规避的：

（1）一只手拿麦克风，一只手抱肚子。

（2）两只手握麦克风。

（3）两只手臂紧紧夹着自己的身体。

这三种动作所代表的含义与抱臂是一致的。

一个人越不自信，就会越想把自己收起来，缩得小小的；反之，如果一个人有自信，就会伸展自己的肢体，扩大自己的活动空间。大家可以留意看一些商业大佬的演讲视频，他们往往场地越大手势越大，手势越大就会显得越自信。

在培训教室里，我们的手势没必要像大佬们那么夸张。我们可以想象自己站在电视屏幕中，手势的范围分布在肩部以下、腰部以上、躯干以外。不建议把手放在腰部以下，会显得没精神，而且有些内训师会把手垂在腿边，紧张的时候只动手指，显得动作很小气。把手势打开，敞开心扉，更显自信。

手势在应用时，有三个要素：

（1）手臂抬：手臂离开躯干，一拳之隔。

（2）手腕硬：不要有气无力地垂着手腕。

（3）忌指点：要对学员保持尊重，不要用食指指人，不论是邀请、请坐还是指引，都是四指并拢、虎口微张的。

确切且有力的手势令人看起来更有能力，并且能提高其社会地位。但有些内训师的手部动作太频繁，就像炒菜翻铲似的，在使用手势时一定要稳,不要出现手舞足蹈的现象。

气势呈现的基本要求并没有我们想的那么复杂,但要收放自如还需要一段时间的锻炼。

建议大家每次在上课时让学员帮助录 3~5 分钟的视频,对照前文表 1-8 进行自我评估。如果问题很多,不要过于担心,逐个改善就可以了。如果上课的机会少,那就争取把开会这样的机会也把握住,多加练习,熟能生巧。

## 二、锻炼说服力,说了什么不重要,对方认同才重要

我在企业工作时,最不喜欢听的就是销售类的课程,总觉得讲销售的老师有些油嘴滑舌,因此错失了系统学习销售技巧的机会。后来随着对授课技巧的研究,我越来越觉得上课就是销售,只不过内训师销售的是虚拟产品——观点立场、工具方法,学员认同了、掌握了,就相当于销售成功了。所以在课堂上,内训师的目标不在于讲了什么,而是学员接受了什么。

西方有位哲学家曾经说过:"这个世界上每个人都可以有伟大的思想,但如果不能说服别人认同,那么思想再伟大也是没用的。"

在授课时,说服效果分为四个层级:

一级挑战:让对方知晓,即从不知到知,认识表面的概念。例如"时间管理=事件管理+选择管理+精力管理"。

二级挑战:让对方理解,即明白了概念,并了解背后的原因。例如"时间是不能管理的,我们最终要在有限的时间内去做投入产出比更大的事"。

三级挑战：让对方认同，即理解了原因，产生内在的认同。例如"如果我想让自己在未来有所成就，就要合理规划自己的时间分配"。

四级挑战：让对方承诺，即产生内在的认同后，落实到实际的行动中。例如"制订目标计划、使用日程记录、定期检验效果、快速调整优化等"。

这四个层级就像四级台阶，内训师要帮助学员一步步达成，才能促成培训的成功。不能让学员只停留在第一层级，因为培训的本质核心是要触发学员行为的改变，如果只停留在第一层级，学员是不会把所学转化为行动的。

## （一）一级挑战：让学员知晓

大多数内训师都能将一级挑战完成得很好，但如果只停留在知道层面，我们的培训只能被称为"宣贯""通知"。现在就让我们一步步向说服力后面的台阶跨越。

## （二）二级挑战：让学员理解

关于如何帮助学员更好地理解课程内容，第三章已有较详细的说明，此处稍加提炼、汇总。

### 1. 类比、对比技巧

马云曾解释过企业家与企业经理人的区别，他说就像两个人上山打猎，这时不远处出现一头熊，转头就跑的是职业经理人，而留下来拼命抵抗的是企业家。这就是类比，是在两个不同的事物间找相同点，帮助学员通过已知的事物去认知未知的事物。对比是在两个相似的事物间找不同点，帮助学员通过细致的观察，进一步掌握关键细节。但两者的目的都是帮助学员更直观、清晰地理解内容。

### 2. 告之背后的 why

帮助学员知其然，知其所以然。成人在不了解某些要求背后的原因时，很难快速接受老师的指令，除非你们之前已经建立了极强的信任感。比如，我们现在出行坐飞机，容量大的充电宝是不让携带的，而且即使是规定范围内的充电宝被带上了飞机，空姐也会要求在飞行期间不能使用。很多乘客不理解，不理解就会产生不认同，不认同带来的行为是什么？偷偷用。但如果我们告诉客户，充电宝电芯含有锂，锂是一种非常活泼的化学物质，遇到强烈碰撞、剐蹭、过热时会着火，甚至一些充电宝在使用中存在自燃爆炸的危险，飞机在空中高速飞行，一旦发生起火事故，后果将非常严重。如果乘客知道了背后的原因，会不会规范自己的行为呢？

我在这么多年的授课经历中形成了一种认知，就是不要直接告诉学员"答案"，即"你应该怎么做"，而是告知其背后的信息、来龙去脉，由学员自己做决定。比如讲练声的技巧，我并没有一上来要求学员必须这么做，而是会和学员分享我曾经几次练声失败的经历，失败的原因是什么，再告诉学员后来我用了什么方法，使我的音质发生极大的改变，这已经是我目前能找到的最简单、快捷、有效的练声方法了，学员会更愿意学习这些已经通过验证的方法。

### 3. 图解呈现

（1）表格。

只要涉及多处对比的内容，都可以用表格来呈现。比如金融行业经常会涉及讲新政策法规的课程，就可以用表格的形式对新、旧法规内容进行对比,帮助学员快速理解主要变化点包括哪些。还有一些数据比较多的内容,也可以用表格来呈现,使之一目了然。如表4-1所示。

表4-1 个体工商户和企事业单位经营所得税税率表

| 级数 | 全年应纳税所得额 | | 税率(%) | 速算扣除数(元) |
|---|---|---|---|---|
| | 含税级距 | 不含税级距 | | |
| 1 | 不超过15000元的 | 不超过14250元的 | 5 | 0 |
| 2 | 超过15000元至30000元的部分 | 超过14250元至27750元的部分 | 10 | 750 |
| 3 | 超过30000元至60000元的部分 | 超过27750元至51750元的部分 | 20 | 3750 |
| 4 | 超过60000元至100000元的部分 | 超过51750元至79750元的部分 | 30 | 9750 |
| 5 | 超过100000元的部分 | 超过79750元的部分 | 35 | 14750 |

(2)四象限。

四象限是最常出现的一种分解方式。找到两个关键点,展开两条轴线,画出四个象限模块进行逐一分析。如图4-5所示。

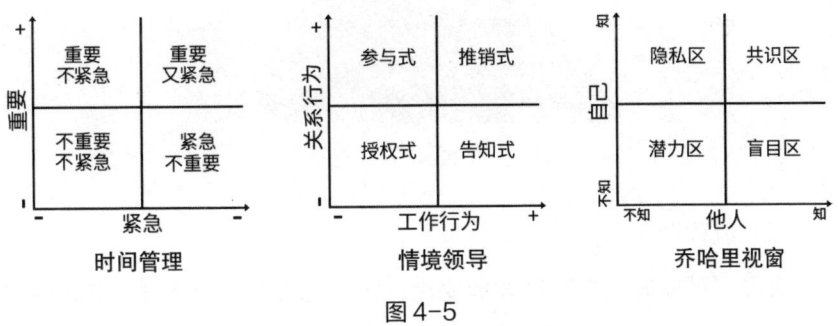

图4-5

(3)韦恩图。

韦恩图即用于显示元素集合重叠区域的图示,体现元素间的相互影响与关联。比如关于数据科学的韦恩图（见图4-6）。

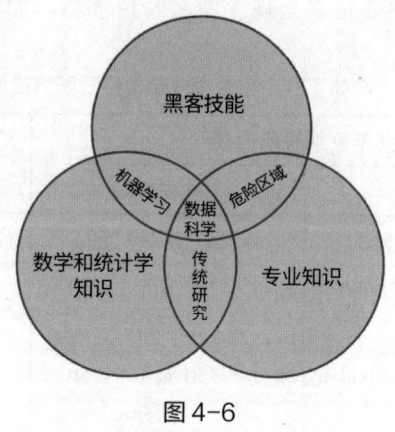

图4-6

（4）金字塔图。

金字塔图可表示层次结构的模型，体现各元素间的层级关系。比如马斯洛需求层次理论（见图4-7）。

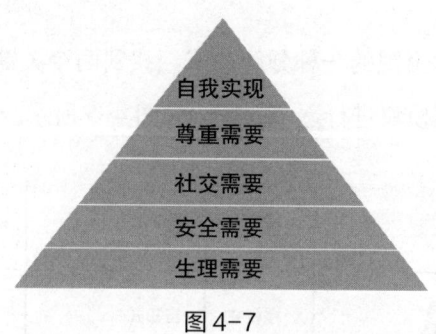

图4-7

（5）流程图。

流程图可以表示随时间发展变化，所有元素在一个流程中的逻辑顺序。流程图可以是线性的，也可是闭环，关键看最后一步和第一步是否有相关性。比如PDCA循环（见图4-8）。

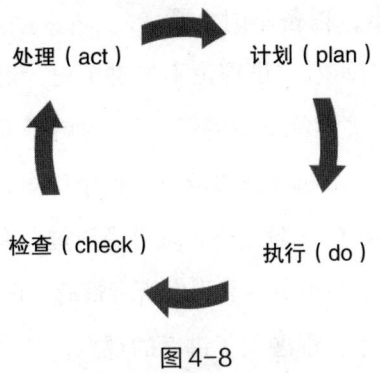

图 4-8

(6) 类比图。

找出生活中常用的物品,将其结构进行解构,将新的元素代入其中,帮助学员快速理解元素间的关系及作用,这时就需要用到类比图。比如图 4-9 中用上升的台阶来类比应用 PDCA 循环后的变化。

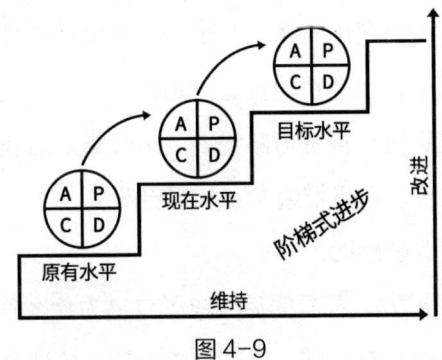

图 4-9

## (三)三级挑战:让学员认同

如果说"知道"和"理解"是基于理性的,那么"认同"一定是基于感性的。如果在表达时,不能引起学员情绪上的共鸣,那么即使我们说得再有道理,学员也会不断地在头脑中一句句反驳你所说的话。引发情感共鸣最简单的方法,就是讲个好故事。

### 1. 常备模板故事，以备不时之需

在培训领域有句口诀，"讲理论不如讲历史，讲历史不如讲故事，讲故事不如讲案例，讲案例不如讲经历"，也就是说，经历的细节优于案例，案例的真实优于故事，故事的时效优于历史，历史的感性优于理论。经历来自讲者真实的体验，讲者亲身经历过，在讲的过程中更易描述细致、融入情感，当然就更容易引发听者情感上的共鸣。

但不论是哪种故事，都融入了讲者的观点，甚至是价值观。心理学的研究发现，讲故事是有催眠效果的，可以用一种"润物细无声"的方式说进人心。

关于如何讲故事，我认为核心在于"二设一备"。

（1）一设：设置透明度。

减少自己的隐私区，在主题相关领域除了原则、方法、案例以外，可以和学员分享一些自己的经历，哪怕是些失败的教训。这些内容会让内训师更真实、可信，也会快速拉近内训师与学员之间的距离，甚至更易得到共鸣，让培训进行得更为顺畅。本书每章后面我都放了一篇关于我的成长经历的故事，希望带给大家一些启发。

（2）二设：设置敏感度。

有本书叫《钝感力》，我看完后明白了自己为什么总是活得很简单，就是自己对很多事情都有钝感，但这种能力放在培训中并不好。我特别佩服一些老师，吃个饭都能收集不少课程中能用的案例和素材，而我真的要很认真地花心思才行。

但不管你是敏感的人，还是钝感的人，对于案例、素材，除了时刻留心多收集，关键还要学习如何解读。正所谓"素材是个多面体，总有一面适合你"，不同的角度切入就会有不同的解读。

在培训中，我会训练学员编故事的能力，同样一个视频，不同的学

员会用不同的视角和主题去解读，最后进行演绎包装，形成独特观点。

（3）一备：常备课题故事。

故事的素材来源包括自身经历、名人轶事、他人故事、历史事件或文学影视作品等。每个故事时长在3~5分钟，不同的课程主题要配备不同的故事。如果有必要，也可以将故事进行对比讲解，有助于学员更深入地理解。故事的代入感能激发学员对课程内容的期待，有助于强化学习体验，内训师可依据表4-2进行储备。

表4-2 故事储备清单

| 主题 | 内容 | | |
|---|---|---|---|
| 关于"我"的故事 | 辉煌（成功）经历 | 逆袭（反败为胜）经历 | 失意经历（总结经验/说明品质/阐述问题） |
| 与主题相关的学员的故事 | | | |
| 展开行动带来的收益（课程结束时使用） | 个人收益 | 团队收益 | 公司/社会收益 |
| 引发愿景的故事（说中了学员的梦想） | 个人成长 | 事业成功 | 家庭成功 |
| 换角度思考的故事 | 对立角色（如投诉处理的课程，关于客户角度的故事） | 因果故事（把时间放长远，带来一连串影响） | 逆向思维（打破常规，另辟蹊径） |
| 引发自省的故事（照镜子） | 电影影视片段 | 文学/历史故事 | 寓言 |

单独讲一下引发愿景的故事。这类故事用于描述出学员美好的愿景，从而激发其行为。《蜥蜴脑法则》一书中提到，"不同人所期待的奖赏并不一致，但他们愿望的相似性总大于差异性"。提炼一下，引发愿景的故事无非三种类型：个人成长、事业成功和家庭成功。这三种故事放在逆袭的套路下会更易引发听者的共鸣。

逆袭故事往往是最受欢迎的故事，其情节更加跌宕起伏、引人入胜。逆袭的流程通常被称为"英雄之旅"（见图4-10），来自好莱坞的经典编剧套路。

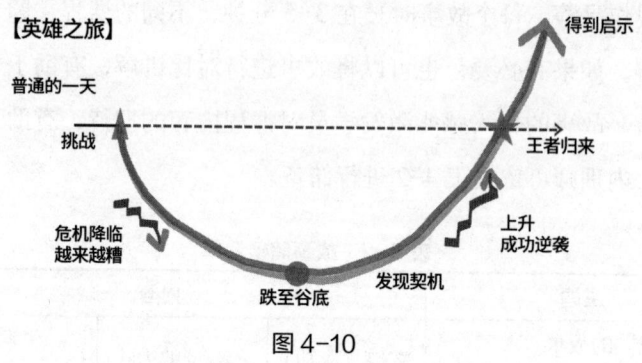

图4-10

在讲故事时，还需要注意语言的力量。比如在故事中增加一些"金句"来点缀，就像加入了电流脉冲，快速冲击达到醍醐灌顶的效果。金句强调短小精悍，通过有效的内容提炼，减少信息过载，以最小的内容传达最大的力量。马克·吐温曾给一位朋友写信道，"抱歉我没有时间给您写一封简短的信，所以我写了一封长信"，可见简洁比冗长要更花心思，同时会带来力量感，更容易被理解、记忆。

### 2. 文字精练，让语言充满力量

（1）口诀提炼。

第一步：对文字内容进行简化，简化时要注意遵循"超短裙原则"，既要短得吸引人，又要长到覆盖重点。不少内训师在简化过程中容易过于简化，导致歧义出现。

第二步：把握语感，并保持每句字数的对称，可用谐音或押韵的方式，使提炼的内容通俗化、口语化、规范化。

习近平总书记在《告台湾同胞书》发表40周年纪念会上的讲话（节选）：

"以对话取代对抗、以合作取代争斗、以双赢取代零和，两岸关系才能行稳致远。"

"不管遭遇多少干扰阻碍，两岸同胞交流合作不能停、不能断、不能少。"

(2) 变换视角。

变换一种角度看问题，不是A而是B。从一个角度快速跳至另一个角度，有助于通过新视角的剖析让学员更为全面地理解问题。例如：

《青春》一诗中的一句：青春不是年华，而是心境；青春不是桃面、丹唇、柔膝，而是深沉的意志、恢宏的想象、炽热的感情。

(3) 罗列公式。

通过加入运算符号，使关键词不再是简单的并列关系，更显现出因果联系，简练且一目了然地体现出要因之间会如何相互影响，又会导致何种结果。例如：

稻盛和夫成功方程式：人生和工作的结果 = 思维方式 × 努力 × 能力。

自尊 = 成功 ÷ 抱负。

(4) 对比。

通过对比，帮助学员快速看到差距并锁定目标。如我和你、过去的我和现在的我、我们公司和别的公司、"80后"和"90后"等。例如：

三流企业靠产品，二流企业靠服务，一流企业靠人才。

(5) 使用对仗句或排比句。

对仗句是指字数相同、文意相同或相对的句子；排比句是三个或以上意义相关或相近、结构相同或相似、语气相同的词组或句子并排在一起组成的句子。这两种修辞手法都极具力量感，能快速将听众的状态带入顶峰。例如：

有志者，事竟成，破釜沉舟，百二秦关终属楚；苦心人，天不负，卧薪尝胆，三千越甲可吞吴。

自私是一面镜子，让你在镜子里永远只看得到自己；自私是一块布匹，蒙住了你的眼睛，让你看不见别人的痛苦；自私是一块玻璃，看上去透明，却始终隔开了彼此。

(6) 引用。

引用古今中外有影响力的书籍金句、名人名言，这些内容本身就是一种高度的提炼与总结。例如：

这是一个最好的时代，也是一个最坏的时代。（狄更斯《双城记》）

## （四）四级挑战：让学员承诺

学员认同是其改变的基础，但并不意味着行动随之改变。学员承诺进而发生行为转变才是说服的终极目标，才是培训价值的真正体现。我们最终检验的标准是行为而非态度，以行为而非态度为目标更易事半功倍，但注意行为改变要循序渐进，逐步提高难度。如果新手难以胜任，就会产生畏难情绪，让学习效果适得其反。要学会帮助学员获得良好的学习体验，让其能迅速地获得到成就感。可以把有难度的学习内容拆分成更小的模块，让学员在小步学习、掌握中获得成就感，从而产生想要做得更多、做得更好的想法。

滞后的学习收益会大大降低对学员的吸引力，学员如果掌握了内容却没有获得期待的收获或奖励，就会否认培训效果。所以，尽量多为学员带来即时的成就感，帮助其实现愿望而非改变愿望。比如，快速肯定学员做到的细节，让学员可观察到自我的进步效果，让学员学习的内容可以直接与实际问题挂钩等。

促使学员承诺进而产生行为，还可以使用的做法包括：

### 1. 重新定义行为，赋予它新的意义

尼采说："一个人知道自己为什么而活，就可以忍受任何一种生活。"这句话说明了意义感对于每个人有多么重要。如果你想重塑学员的行为，也可以从意义着手，当学员认同了这个意义，行为也就随之改变。比如，"只要思想不滑坡，办法总比问题多""优秀员工的表现就是对工作结果负责"，听上去像口号，但关键是为行为找到了意义支撑。

**2. 要引导学员自己做承诺**

对于学习后的改变,要引导学员自己做出承诺。我曾经在课堂做过实验,让学员以小组为单位模拟制定一份"承诺书",有些小组约定"如果不按计划执行,要增肥 5 斤"或"要一个月徒步上下班",即使是这种带有玩笑性质的协议,有些学员在签字时还是内心抗拒、极不情愿的。心理学的研究表明,一旦签了字,即意味着做出了承诺,并开始承担责任。换而言之,如果都是我们给学员设定好行动计划,学员在这个过程中是不承担任何责任的,甚至他们会迅速忘掉这一环节。

所以,我们在培训结束时,一定要留给学员自己做学习转化计划的时间,自己做出的计划就意味着开始承担责任。计划做好后,可以让学员在培训现场找到相互监督的伙伴,甚至拍照发朋友圈——目标公布范围越广,实现的可能性越大。

## 总结

本章主要分享了自信呈现精彩演说的技巧。内训师从走上讲台的一刻起就要有主场意识,要能够驾驭全场,这需要不断地修炼自己的亲和力与说服力。亲和力可以通过自信且利他的心态,以及积极且稳重的表现来强化。具体的操作包括建立自信、打磨音质及塑造台风。说服力就像销售,目的不在于说了多少,而在于学员接受了多少,而接受的层级又分为:知道、理解、认同和承诺。学员接受越多,达到的层级越高,课程的影响力越强。每个层级都有相应的方法,内训师可试着将自己的呈现内容进行改造,每次一点点的改进都会有助于我们和学员共同成长。

成长小故事

## "我对培训感兴趣"

近些年,随着线上网络课程普及、线下学习沙龙的推动,越来越多的职场人士希望锻炼自己在讲台上呈现的能力,希望自己有机会成为培训师,从而提高核心竞争力,所以越来越多的人开始表示自己"对培训感兴趣"。"兴趣是最好的老师",可大家真的用好这个老师了吗?

记得有一次,我接到一位同事的电话,她说自己对"培训师"这个角色很感兴趣,想向我咨询如何才能成为培训师。我当时问了她两个问题:"一、你在某个领域有没有较深的研究,觉得自己已经可以和别人分享了?二、你有没有试着先在企业内部讲讲课,通过锻炼消除自己的青涩?"答案是"没有"。说完答案,她又接了这么一句:"其实我对这件事感兴趣已经好多年了。"

发现什么问题了吗?我的这位同事对培训的兴趣只是停留在嘴上说说的水平上,未付出更为具体实际的努力,可以说这种兴趣不会产生价值,即使再喜欢10年、20年,又有什么用?不过是叶公好龙,最后不了了之罢了。而真正的兴趣=方向+努力,请把你的念头变成行动,如果感兴趣,请先付出努力!

首先你要确定一个兴趣方向,比如心理学、职业生涯、演讲表达等,不论你选择什么,总要围绕着这个方向进行自主学习。自主学习是指有能力安排自己的学习内容,比如先在网上搜索、自学相关信息与书籍,再向这方面专家请教有无提高的窍门。在互联网如此发达的今天,不要一点功课都不做就到处问人,不然即使别人告诉你某个关键信息,你也未必能抓得住。另外,方向上还容易出现的问题就是经常切换,东一榔头,西一棒子,今天对这个感兴趣,学几天,明天对那个感兴趣,再学几天,所学的都只是皮毛,不够深入。当然每个人的学习习惯不一样,如果你的目的只是获得更多谈资,也无可厚非。可如果你未来是想成为培训师,这种蜻蜓点水式的学习不可取,因为无法让你形成自己的知识体系。

努力是每天能够自律地就主线展开学习、思考与应用。自律是在无人监督的情况下,自己要求自己,把学习当成每天的一项重要任务去执行,不能指望在别人的监督下才去完成。同时要接受学习所带来的延时满足,因为学习不像看电视,当下就能带给你情绪上的刺激与满足,可能开始学习的前几个月甚至一年,你也不觉得自己有何变化。但越往后你越会发现,你对主题相关内容的理解可以更迅速、更深入,且可以就主题聊到的内容越来越多。恭喜你,你已经具备了能与他人分享的基础了。

我一直认为"培训师"这个角色是水到渠成的,或者说是你的"专家"身份所带来的附属品。当你的经验能够为别人带来价值与帮助时,你就可以把它分享出来,无论是在线上还是在线下。那时即使你尚无任何培训师相关的资格认证,也是一位合格的培训师。

所以说,感兴趣只是开始,不是结束。你还在对培训一直感兴趣却没有开始行动吗?抓紧时间吧,只有持之以恒的努力才能将"兴趣"变成"能力"。

# 第五章
# 引导转化：共创教学，启发学员

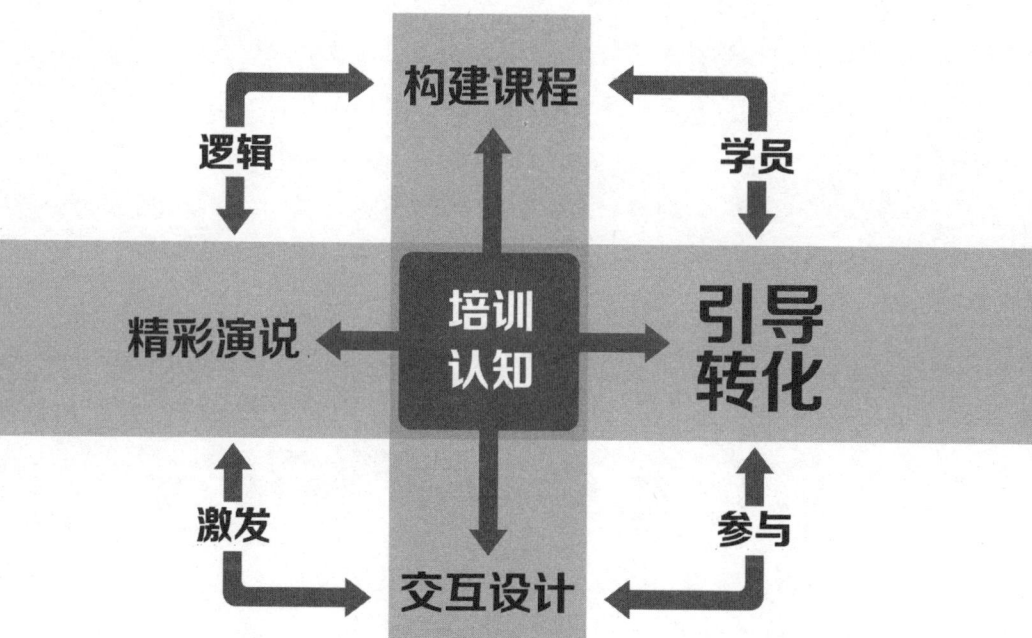

## 第五章　引导转化：共创教学，启发学员

在分享引导转化技巧前，我们先粗略地聊聊学习理论中对教学设计产生最大影响的三大主义，分别是行为主义、认知主义及建构主义。

行为主义的经典例子就是巴甫洛夫的摇铃实验。刚开始狗对铃声没反应，每次喂食时同步响铃，最终狗仅听到铃声就会分泌唾液。这是一种由刺激到反应的强化过程，即时奖优罚劣，形成条件反射，海洋馆的海豚、海豹都是这样训练出来的。研究行为主义最有影响的心理学家斯金纳认为"教育的本质是塑造人的行为"。他有句名言："如果我们将学过的东西忘得一干二净，最后剩下来的东西就是教育的本质了。"所以大家会把基于行为主义的教学设计称为"驯兽"。

认知主义分为多个学派，其与行为主义最大的区别是，行为主义认为人的行为是通过外部刺激塑造的，而认知主义认为人的行为是外部刺激与内部心理活动相互作用的结果。

认知主义的经典模型就是加涅的九大教学事件（见图5-1）。加涅认为，教学首先需要激发学员的内在学习兴趣和动机，然后将当前的教学内容与学员原有的认知有机地联系起来，让学员不是被动接受刺激，而是主动对刺激提供的信息进行选择性加工。该主义奠定了成人培训的基调，即要"教其需要而非擅长"，但更多是查漏补缺，比如盖房子需要砖，我就给你提供砖，于是基于认知主义的教学设计也被称为"搬砖"。

建构主义是认知主义的一个分支，其与"搬砖"最大的不同在于强调了学员经验的价值，认为知识并不等于真理，只不过是一种解释和假设，尤其在社会变化速度越来越快的今天，黑天鹅事件层出不穷，很难有一套知识能放之四海而皆准。于是建构主义更加开放，强调学习而非

```
一、引起注意
二、告知目标
三、刺激回忆先前习得性能
四、呈现刺激材料
五、提供学习指导
六、引发行为表现
七、提供反馈
八、评价作业
九、促进记忆与迁移
```

图 5-1

教学，因为教学意味着更多的控制与支配，学习则意味着更多的主动与自由。通过学习环境的设计，将学员现有的知识经验作为起点，引导学员从原有的知识经验中"生长"出新的知识经验。我将其称为"建塔"，因为每个人内在都有一座认知之塔，是其对世界的理解及思考的基础。这座塔会随着人的成长发生变化，出现"同化"与"顺应"的现象，同化相当于接受此"砖"，将其放入自己的"塔"内，顺应相当于改变"塔"的一些结构，完成修改或小范围重建。但不管是哪种形式，最为关键的角色是学员本身，这也是现在培训不断强调要"以学员为中心"的核心所在，要引导学员对学习主动探索、主动发现和对所学知识意义主动建构。

建构主义的经典模型是著名教育学家梅瑞尔教授提出的"五星教学法"（见图 5-2）。引导转化的技巧就基于建构主义的过程应用。

了解了这三大主义，再来分析哪种主义好，哪种主义不好，哪种主义高级，哪种主义低级，这种行为是很可笑的。因为教学设计好与坏，

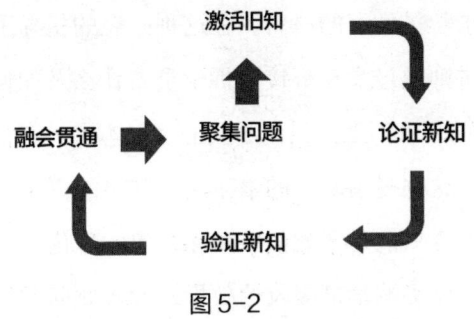

图 5-2

关键在于是否匹配了培训目标。比如，我们要训练人的行为反应，那行为主义无疑是最佳的教学方式，如警察学习格斗术，一定是通过行为训练，让格斗招式成为身体的本能反应，在出现紧急情况时才能完成任务或自保；当我们训练新人时，由于其缺乏足够的经验和必要的知识，使用认知主义的方法，效果更优，因为这样可以更系统地传授其所需要的知识和理念，帮助其打好基础；反之，如果学员有一定的基础，尤其是心态和技能方面，用建构主义的方式可以让学员有更多的体会，从而引发其思考。基于三大主义，内训师的角色及教学设计都应有所不同，如图 5-3 所示。

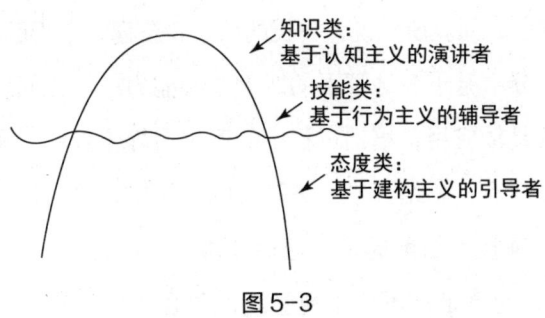

图 5-3

需要注意的是，知识类课程要基于认知主义的演讲，而非我们传统所习惯的讲授。传统的讲授式授课是以讲师为中心，把学员看成学生，把课件看成要求学员学习的材料。在这种心态的指导下,讲师和学员基本没有互动,讲师通过灌输直接告诉学员做什么及如何做。问题在于,信息只是从讲师的 PPT 上拷贝到学员的笔记本上,并没有烙印在学员的脑袋里。同时,这种提前既定的学习内容并不能完全针对现场学员的需求,导致课程内容只能是僵死的教条和抽象的理论,因此会让学员感到枯燥和乏味,从而影响学员吸收的效果。改善此问题的方法主要是在设计课程时,一要多关注目标学员的实际问题,二要在上课过程中多使用互动技巧,通过布置合适的交互活动来评估学员现状水平,发现学员问题,再给予有针对性的反馈、辅导。

基于建构主义的引导式授课,要以学员为中心,引导学员将自己的经验与所学内容进行结合,要把学员看成朋友,课程是引导学习的提纲。在这种心态的指导下,讲师要设计各种实践活动,建立自主、合作、探究的学习方式,让学员充分参与问题的研讨;同时应及时鼓励,正确评价,对学员有偏差的理解给予相应的指引和辅导,唤起学员的学习信心,帮助其感受知识和经验融合的过程,从而达到自我发现、自我总结及自我提升的目的。这是最有效的知识转移模式,但是它相比讲授,需要花更多时间。所以说,讲授的核心在备课,引导的核心在备人。

本章主要分享基于教练技术的四大核心能力——提问、倾听、区分及回应,及其具体应用;培训过程中的五步引导流程——抛出问题、加工处理、分享观点、总结升华、关联实际的使用;最后谈谈控场问题。我认为学习教练技术的前提是要遵循师尊孔子的四绝:"勿意、勿必、勿固、勿我"。勿意是指不要主观臆断,勿必是指没有绝对肯定,勿固是指不能拘泥固执,勿我是指不可自以为是。当内训师从内心减少对"我"的执念,认可学员是有能力的,才能不故步自封,通过平等且开放的心态接纳并引导学员。

## 一、教练技术的四大核心能力

### （一）提问者才是主导者

"提问才能有所收获"，提问可以帮助学员对事物进行多维度的省察，同时使内训师处于课堂中的主导地位，引导学员的思维方向。提出一个好的问题，相当于打开了一个宝箱，帮助学员挖掘更多的宝藏。内训师通过提问，可以让学员感受到内训师对其的重视，从而专心地聆听、积极地回应，更用心地投入学习过程中；同时，通过提问引导学员，有助于其打破思维界限、探索根源、观察反思，以及创新想法，让学员自己总结并强化对答案的理解与认同，最终达到培训实效。

提问的好处无须赘述，业内广为流传的"提问是最好的互动，停顿是最好的控场"，已经很好地说明了提问在培训中的作用。在课程中，我经常问学员认为提问简单吗，绝大多数学员都认为提问很简单，把一个陈述句改为疑问句就可以了。当然，以前的我也是这么认为的，直到某一年公司组织了一次内训师活动，要训练我们在高压状态下的授课应急反应，不但要进行15分钟的全程录像，坐在下面的"学员"也非常不配合，表现出各种问题场景，比如聊天、玩手机、睡觉，课后大家还要对着视频一一点评。

在诸多压力下，我站在讲台上也非常紧张，当时下意识的反应就是要多提问，希望以此抓回大家的注意力。猜一下我那次授课练习中，一共问了多少个问题？32个问题，吃惊吧。当时我的状态就是慌乱又毫无章法地乱问一气，就像在伸手不见五指的深夜里对着天空乱放枪，希望可以歪打正着撞到某个目标，但显然这种做法本身就是问题所在。那次经历让我感受到提问技巧没有我想象的那么简单，好问题一定是设计出来的,一针见血,直指核心。新老师在课堂上的即兴提问,尤其容易出现表达不严谨的现象,所以一定要提前设计好问题。

**1. 根据目的设计问题**

如何有效提问?这里和大家分享五类提问技巧。

(1)针对答案多少的问题类型。

最常见的问题分类即封闭式提问与开放式提问(见表 5-1)。

表 5-1 封闭式提问与开放式提问

|  | 封闭式提问 | 开放式提问 |
| --- | --- | --- |
| 特点 | 答案可选,比如"这位员工的行为对不对" | 答案宽泛,比如"这位员工的问题有哪些" |
| 回答 | 无须思考就可作答 | 需要思考才可回答 |
| 应用 | 引导学员快速响应 | 引导学员深度思考 |
| 优点 | 不需要占用太多课堂时间 | 了解学员更多、更为深入的想法 |
| 弊端 | 答案太简单,不知道学员更多的想法 | 答案太宽泛,增加后续引导难度 |

除了上述两种类型,还有第三种问题类型。先看这个问题和前面两个问题的区别是什么:"在客户服务方面,这位员工有哪些问题出现?"

这种提问介于封闭与开放之间,既封闭了思考范围,又给了开放回答的空间,我们把这种问题称为"引导式提问"。其可以同时规避前两种问题的弊端,配合讨论环节,能让学员的思维更聚焦,减少时间浪费,降低引导难度。

(2)针对回答难易的问题类型。

很多内训师为了在开场激发学员学习的兴趣,都会设置一些问题引发学员的参与,从而达到破冰的效果,这是一个好现象,可不少问题的设计都事与愿违，问了没人回应，结果一开场就"冷场"，使气氛更凝滞。有时不一定是学员不愿配合，而是你的问题实在不好回答。

根据回答由易到难，可以把问题分为过去、未来及现在三种。

① 针对过去，要求学员回忆记忆或感觉。

- 工作中最有成就的事情是什么？
- 你是如何开始使用思维导图工具的？
- 目前管理中的困惑有哪些？
- 你是否遇到过……？
- 你有过投诉的经历吗？

② 针对未来，要求学员打破思维定式。

- 如果你可以重新开始，你会做不同的事情吗？
- 那么，成功对你来说意味着什么？
- 你觉得未来有可能会发生什么？
- 还可以……？

③ 针对现在，要求学员解释、分析、比较、下定义。

- 你为什么认为这样处理是正确的？
- 你认为这个问题的根源在哪里？
- 你可否用一句话概括出你对领导力的理解？
- 演讲对你最大的吸引力在哪里？

比较而言，过去和未来的问题都比现在的问题更容易回答，因为前两者比较有画面感，"想象一下""假如""如果你是"，让学员更易代入场景并进行回答，所以此类问题更适合放在开场使用。针对现在的问题比较抽象，所以不易回答，放在开场容易冷场，可考虑是否需要通过小组讨论来完成。

（3）针对目的设问的问题类型。

你希望带领学员剖析问题细节还是希望未来不再出现此问题？目的不同，设问不同。"问题框架"强调的是"出了什么问题"或"不想要什么"，"结果框架"主要强调建立和保持聚焦于目标或渴求状态，问题表述的不同将会引导学员关注不同的角度。另外，在深层结构层面上，批评是断言事物是什么或不是什么，"如何""怎样"的提问则导向探索，检验学员从何得知是什么或不是什么。示例如表5-2所示。

表5-2　问题框架和结果框架

| 问题框架 | 结果框架 |
| --- | --- |
| "出了什么问题？" | "你想要什么？" |
| "什么原因导致的？" | "你怎样能得到它？" |
| "是谁的过错？" | "有哪些可用的资源？" |

（4）针对思考方向的问题类型。

犹如盲人摸象，如果学员只在一个角度探索，得到的结论一定是片面的。为了避免这种情况，内训师的问题设计就要帮助学员站在更多的角度，全面地"摸象"，最终得到更接近事实的答案。我们可以从三维进行角度区分设问（见图5-4），帮助学员发现盲点。

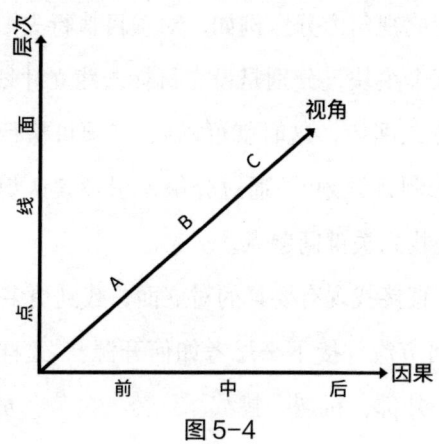

图 5-4

① 层次问题：纵向区分微观（点）、中观（线）和宏观（面）三类问题，根据需要帮助学员站在更高或更低的角度来分析、看待问题。比如：

- 对个人产生怎样的影响？
- 对团队产生怎样的影响？
- 对公司产生怎样的影响？

② 视角问题：区分不同角色、要素的问题，根据需要帮助学员换位思考或拓宽视野。比如：

- 站在客户的角度，他们的核心需求是什么？
- 站在供应商的角度，他们的核心需求是什么？
- 站在销售经理的角度，他们的核心需求又是什么？

上述举例是根据角色进行的视角区分，还可以根据一个整体的不同要素进行拆解,完成视角区分。例如,对项目执行失败分析,可以先把项目执行拆分为五个模块,分别是设立目标、建立计划、采取行动、注意反馈、灵活的方式回应,这时就可以问:"项目执行失败是指目标设立不清晰,还是未制订计划?"通过分解,引导其认识到不是把自己做的全盘否定,而是找到关键问题点。

还可以尝试着直接找现有要素的对立面,找到更多视角,比如:"我们已经分析了如何节流,接下来思考如何开源?"这样的对立面还有价值—风险、内部—外部、机遇—挑战、优势—劣势、员工—客户等。此外,5W1H 也是一种拓展角度的思路:"who""what""where""when""why""how"。

③ 因果问题:可以理解为横向的连锁反应,可用于追溯前因或分析可能导致的后果,帮助学员复盘或展开预测。比如:

- 当时采用这种方法的合理性是什么?
- 有哪些行为导致了成本的增加?
- 这件事带来的影响和后果是什么?

(5)针对模型设问的问题类型。

如果上述提问类型都不能满足你的设问需要,那就为自己多储备一些模型思维吧,这些模型可以帮助你快速展开问题思路。

① ORID:客观事实(objective)、体验(reflective)、理解(interpretive)、决定(decisional)。该模型可以放在课程开始、结束,或分析案例、视频时使用。下面是问题示例。

客观事实:"一想到这个培训主题,你会首先想到什么?""关于这个培训主题，我们已经知道什么？""最吸引你的场景有哪些？""哪些内容最容易引起你的注意？""请回顾这次课程包含了哪些部分？"

体验："这个主题让你喜欢的地方是什么？""这个主题让你不喜欢的地方是什么？""关于这个主题，最具挑战性的是什么？""听完这个案例你有什么感觉？""这些改变中，什么让你感到振奋？"

理解："为什么这个主题如此重要？""它会如何影响你的工作和生活？""关于这个主题，你最主要的疑问是什么？""它让你学到了什么？""领导的目的是什么？"

决定："我们可以如何帮助彼此学习这个主题？""我们可以做什么来解决这个问题？""它启发你应该做出什么样的改变？""下一步要怎么做？"

② GROW：目标（goal）、现状（reality）、方案（option）、行动（way forward）。该模型用于引导学员进行自我反思，或在一项活动结束后点评时使用。下面是问题示例。

目标："你想解决什么问题？""这个活动的目标是什么？""如果不采取行动，会有什么样的后果？"

现状："现在完成的情况怎样？""你遇到了哪些障碍？""你做了哪些努力？结果如何？"

方案："反思解决这个问题的过程，该如何改进？""如何从现状到目标？"

行动："你打算怎么克服阻碍？""下一步干什么？什么时候开始？"

下面再列举一些模型,但不再一一展开问题。不同的课程涉及的模型有所不同,大家平时可以通过学习进行收集。

③PDCA:计划(plan)、执行(do)、检查(check)、处理(action)。

④SPIN:背景问题(situation questions)、难点问题(problem questions)、暗示问题(implication questions)、价值问题(need-payoff questions)。

⑤BTC:行为特点(behavior)、思维模式(think)、后果影响(consequences)。

⑥六顶思考帽:客观信息、主观感受、价值信息、风险信息、创新思考、控制思维。

⑦SWOT:优势(strengths)、劣势(weaknesses)、机会(opportunities)、威胁(threats)。

⑧德鲁克五问:我们的目标是什么?我们的客户是谁?我们的客户重视什么?我们追求的成果是什么?我们的计划是什么?

⑨DQ决策模型:合适的框架、创造性的选项、相关及可靠信息、清晰的价值和权衡、充分证明、付诸行动。

⑩情绪管理ABC:诱发性事件—信念—行为结果。

**2. 关于提问的一些注意事项**

(1) 不要一次问多重问题。

有些内训师会设计一连串的问题,当你全问出来时,你让学员如何回答?记都记不全。学员回答不了的设问就是伪引导,失去了提问的意义。所以回到设计目标上,你希望通过提问达到的目标是什么?哪个问题最能够帮你达到目标?留下一个就可以,问题贵精不贵多。

(2) 有效追问。

①降低问题威胁度。

你问完问题，发现学员看着你但紧锁眉头，无人回应，第一种可能是你的问题太绕了，学员没听懂，你需要换一种问法或再解释一下；第二种可能是你的问题威胁度高，学员不好或不便回答。据说男女谈恋爱时，男人最怕被问"你爱我吗"，直奔主题的问题使其很难回答，即使他出于求生欲而回答了"爱"，也未必真实、可信。降低问题威胁度的技巧就是旁敲侧击，比如"你喜欢哪个女明星，为什么"或"你觉得×××如何"，通过侧面提问，更容易得到学员的真实想法。

②澄清式追问。

要求学员对发言中含混的部分或特别的用词予以澄清时，可以用澄清式追问，比如：

- 你可否举个例子？
- 你可否试着解释一下×××？

### 3. 谁来回答

内训师主动点名还是学员主动回答，没有标准答案，要视情况而定。如果双方相互非常熟悉，而且学习氛围比较轻松，则两种情况皆可；如果内训师和学员不熟悉，此次培训又属于"任务"，也就是说学员被动参与此次培训，那么找谁来回答就有点挑战了。除了破冰设计要充分，内训师最好学点身体语言，比如学员身体前倾地坐着，并且敢于和你对视，表情比较柔和，甚至会用手指按在嘴唇上，感觉不捂着嘴答案就要呼之欲出了，那他一定是最佳的提问对象；但如果这个人背靠在座椅上，歪着头、斜着眼看着你，表情不屑，他一定比不敢看你的学员有话讲，但你最好别提问他，因为他可能回答的不是你想要的答案，甚至有可能挑战你。

我个人建议,最好引导学员主动回答,点名的方式一是有风险,可能问到不会答的学员,使其很尴尬,同时现场效果不好;二是使学员压力大,想逃避,如果能溜,可能一会儿学员就跑光了;三是不能很好地调动学员的学习主动性。

**4. 对问题进行检验优化**

怎样才能让学员更好地参与到问答中?技巧在于设计完相应的提问后,一定要进行检验。比如问问身边的同事或目标学员,看看他们会如何回答,他们的回答方向是否和你设计的目标保持一致,以此判断你的问题是否需要进一步优化。比如太长的问题如何更简短地表达,有歧义的问题如何补充完善,非讨论型问题如何降低难度而让学员更易参与,讨论型问题如何把控难易和角度而让学员更有收获,等等。

## (二)听出关键,转化为现场素材

哈佛大学前校长伊略特说:"生意上的往来,并无所谓秘诀,最重要的是要专注于眼前跟你谈话的人,这是对那个人最大的奉承。"倾听的重要性真是老生常谈,但善于倾听的人依然不多。

**1. 影响倾听的表现**

(1)封闭思维。

① 你是否在表面上或者内心里与发言者发生争执?

② 当发言者的观点与你有分歧时,你是否表现得情绪化?

③ 你是否只专注于某些细节或事实?

④ 你是否回避听一些复杂难理解的内容?

(2)厌烦情绪。

① 你很难维持一种轻松、赞许的谈话气氛吗？

② 你是否对学员的回答毫无兴趣？是否总对学员不耐烦，甚至打断对方？

③ 你在倾听时是否避免与诉说者的眼神接触？

（3）用心不专。

① 在听时，你是否做着"白日梦"，或者想着别的事情？

② 你是否在听的同时，思考自己接下来如何回复？

③ 学员回答完后，你是否自说自话，不回应学员回答的内容？

上述表现有则改之，无则加勉。只有不成熟的内训师才会把关注力都放在自己和内容上，而成熟的内训师会分出更多的精力来关注学员和形式。

**2. 深度倾听的 3R 法则**

（1）接收（receive）。

"勿意、勿必、勿固、勿我"，放下自我的想法和判断，用开放的心态接纳学员的回答。

（2）反应（respond）。

通过身体动作体现你的专注，比如目视对方、身体略微前倾、适度的点头回应，或简短地复述对方的语言。

（3）确认（rephrase）。

可以进一步确认你的理解，用自己的语言将所听到的内容进行概括，并再次向学员确认。另外，如果你希望学员更多参与到课堂交流中，就请积极回应学员的每个回答，哪怕只是复述或一句简单的"太棒了"，学员回答的行为就得到了肯定与保护。

倾听最大的好处就是能在现场从学员处捕捉素材，让课程内容更接地气。学员的回答是非常好的课堂素材，内训师在倾听后进行提炼总结并有针对性地反馈，能使课程内容与现场学员的情况实际结合得更紧密。此外，内训师还可以在后面的讲解中穿插回顾，比如"之前××（学员）提到了……"，让学员感受到老师对其回答内容的重视。

## （三）区分学员的回答内容，找到问题关键点

区分的目的在于通过内训师的洞察力，帮助学员"照镜子"。内训师要不断强化自己的区分能力，能够通过表象看出更深层次的问题，才能带给学员更有价值的角度和内容。对区分能力的训练包括三个层次，由浅入深分别为内容层、角度层、理解层。

### 1. 表层：内容层，区分对错

内容层为表层区分，是根据学员的回答来判断其掌握效果如何，以便后续有针对性地进行反馈。

这个层面的区分效果关键在于内训师心里是否对答案"有一杆秤"，能否把学员回答的内容与知识点进行对标，区分已答与未答、正确与错误、关键与多余、现状与目标等。比如，目标设定的SMART技巧，包括五个要素：具体（specific）、可衡量（measurable）、可实现（attainable）、相关结果导向（relevant）、时间限制（time-bound）。如果学员只回答了"具体"和"可衡量"，那么就能区分出他还有三个要素没有回答。做到这一点，要求内训师在传递知识时要将知识点编码化，说清楚"五个要素、三大核心、七项注意……"，才能让学员更易记忆和复述，同时让内训师更容易检核。

## 2. 中层：角度层，区分视角

角度层为中层区分，是根据学员的回答来判断其是站在哪个角度进行思考的，是否存在管中窥豹、思考不全面的情况。这个层面的区分更像看一栋楼，有人站东边看，有人站西边看，站的位置不同，得出的结论也会有所不同，而且相互都难以说服对方。内训师需要通过引导，让学员了解到自己目前角度的局限性，才有可能让其对课程内容产生真正的认同。

英国学者爱德华·德·波诺博士开发的一种思维训练模式——"六顶思考帽"，它将人的思维分为六个维度，在角度层，最为关键的应用是两组对立型思维的区分。

第一组对立型思维：事实 vs 演绎。

先来区分下面内容哪些是事实，哪些是演绎？

（1）他们都不按照规则来做事。

（2）我们每天营业时间为 8 小时。

（3）我们的生产力非常低下，客户也不太满意我们的产品。

（4）新的 ×× 洗衣粉洗衣效率提高了 30%。

（5）×× 方案将投诉的可能性减少了 20%。

以上只有（2）是事实，（1）和（3）属于演绎，（4）和（5）存在信息不完整现象。我们来看图 5-5，这是哈佛大学著名的管理及系统学者克里斯·阿吉里斯所提出的推论阶梯模型，该模型用于了解人们是如何从存在的事实中提炼演绎结论的。

比如，办公室有两位同事吵架，其中一位向领导诉苦。因为很少有当事人能客观地把事情的来龙去脉讲一遍，出于本位主义，他会从事实中选一部分对自己有利的进行描述，甚至添油加醋地说"那个人真不是东西，根本就不好好工作"。如果领导接受了他的观点，那么就被人牵着鼻子走了。改善这一结果的方法就是，向存在的事实方向提问探询，前面提问的工具就可以应用进来了。

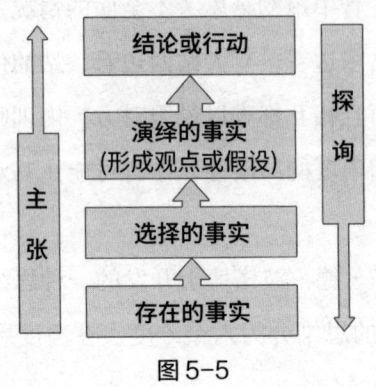

图 5-5

举（4）和（5）的例子是想让大家看到，并不一定有数据就是事实，有些数据隐藏了一些关键信息，比如，洗衣效率是跟谁比有所提高？××方案看似降低不少，但如果原先的数值就很小，比如只有 3%，那么再下降 20% 也不是很多。这种选择性遗漏只让你看到事实的一部分。在培训中，内训师千万别被学员的模糊回答影响了，要学会分辨。建议内训师学习一些批判性思维的知识，让自己的课程内容更严谨。

内训师必须有能力区分事实与演绎。演绎是主观的，不同的人会有不同的评价，比如精益求精和吹毛求疵就是好恶不同评价的结果；但事实是客观的，不会因为不同人的喜恶而发生变化。在培训中，基于演绎的争论是没有意义的，纯属浪费时间。内训师在发现演绎表达时就要及时追问，比如当学员说"我做不到"，就要追问"是什么原因做不到"。

- "用现在的方法做不到。"——追问："那运用什么方法可以完成？"
- "一个人完不成。"——追问："需要哪些部门、人员的协助？"

- "全部完成做不到。"——追问:"哪些可以保证完成?哪些能部分完成?"

每一个向下的追问都相当于一条引导学员思考的路径,帮助学员多关注事实,而非情绪。

第二组对立型思维:价值 vs 风险。

任何事物都有价值与风险两面,只看一面会导致风险。在这一对立中,人们更习惯关注的是风险,这是我们的基因在长期演化过程中形成的下意识反应。试想,人类的祖先在原始丛林中生活时,是更关注风险还是价值?如果不关注风险,生存的概率就会大大降低。到了今天,我们看到关注风险的人,会更多地评价事物的困难、损失或压力等,而关注价值的人,会更多地评价积极、好处或利益。当然,这并不是一种性格区分方法,而是在强调分析不要走极端,钻到任意一个角度的牛角尖中出不来,都会有问题。

这里面还有一个有意思的现象,人们对自己提出的观点更容易用价值的一面进行评估,觉得自己说得特别对,但对别人的观点就容易用风险的一面进行评估,觉得别人说的有不足,因为能挑出别人的毛病,自身就会产生优越感。基于这个特点,你大概更能了解为什么我们要用引导技巧让学员参与课程共创了吧。

内训师要能够区分出学员的反馈是针对风险还是价值的,如果学员习惯用风险来评估,那么导致的结果会让其对培训内容产生消极、悲观的态度,阻碍学习的发生;但如果学员都用价值来评估,也并非好事,这样会导致大家对培训内容过于乐观,从而忽略一些关键细节。内训师要能够通过区分平衡大家的理解。

再补充一个独立的思维:创新。

在培训中，内训师可以不断引导学员思考"我们还可以怎么做""还有没有更好的办法"。前面提到过，成人培训不过是经验交流，所有已形成的知识都是针对过去或当下而非未来。如果内训师能在课程基础之上，引导学员更多地思考、假设及创造，就更有可能产出更贴合学员实际应用、有价值的内容，同时也会加快课程迭代的速度，何乐而不为？当然，这要求内训师的心态更加开放，没有对错，只有不同，"越灵活的人，越能掌控大局"。

### 3. 深层：理解层，区分层级

我在学习心理学时，最大的收获应该是认识到暗示的力量，而在众多的暗示应用中，最为神秘的应该就是催眠。NLP（Neuro-Linguistic Programming，神经语言程序学）的创始人之一理查德·班德勒就是著名的催眠大师，另一位创始人约翰·葛瑞德则是语言学家。NLP是一门研究语言与神经关系的学问，语言是我们用来建立内心世界观的主要元素之一，它不仅可以通过话语帮助我们理解世界，进行交流，更可以让人从狭隘的视角转变到提供更多选择的更广阔视角中。这门学科通过研究独特的语言结构，使其变成神奇的钥匙打开学员思想大门，并赋予其积极的影响。

我在理解层区分中要分享一个NLP中非常有分量的应用——理解层次，它最初由格雷戈里·贝特森提出，后由罗伯特·迪尔茨整理，在1991年推出。这个模型可以使内训师更系统地帮助学员分析困扰，找出解决之道。

理解层次模型分为六个层级（见图5-6），分别是精神、身份、信念/价值观、能力、行为和环境。

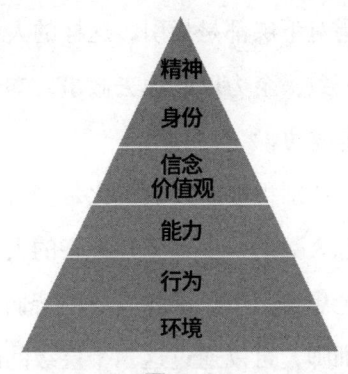

图 5-6

(1) 精神：我与世界的关系怎样（人生的终极意义是什么）？

(2) 身份：我是谁（我用什么身份去实现人生意义）？

(3) 信念/价值观：我应该有何种做事态度（如何与身份相匹配）？

很少有人静下心去认真思考这三个层级，人们很多时候是被自己的潜意识控制的，但往往一个人的迷茫、受挫或成就、满足都与这三层相关。

(4) 能力：我会哪些/该会哪些（基于信念，我应该会什么）？

(5) 行为：我做了什么（能力的执行层面如何）？

(6) 环境：除自己以外的所有条件与限制有哪些（执行的开展顺利与否）？

这三个层级是显性层面，是我们每天都会接触到，也是最容易给我们带来苦恼的层面。这三层出现了问题，如果不去分析背后的根源，即使暂时解决，也是治标不治本。

特别被动的人生往往是由下向上的，是环境的产物，这样的人，行为处处受到限制，更难以主动发展能力，经常会有"我能怎么办，我无能为力"的想法，对自己不满意、不认可，认为自己很没用，最终都是这个世界欠"我"的，"我"就是个苦命的人。而特别积极的人生往往是自上向下的，每一层对下层都是指引，这样的人如果能将六个层次都连贯一致，便会身心一致、全力以赴地去做事，知可为与不可为，有利他之心，自然更易获得成功。

当然，特别消极、特别积极的人数占比是符合正态分布的。也就是说这两类人都只占了总人数的一小部分，更多的人处于中间状态，上三层有思考过，但没完全想通，下三层各有各的苦恼，也没相互协调好。所以作为旁观者的内训师，可以通过这六个层级的区分，帮助学员理解其问题所在。相对来说，层级越低的问题越容易解决，大多数生活中的问题都是来自下三层；而当问题出在上三层时，就很难通过一场培训来解决了。一般来说，低层次的问题可以在更高的层次里找到解决方法，高层次的问题用低层次的解决方法却难以奏效。

在此我们用服务课程培训的场景来举例，通过学员的回答来区分，并找到对应的层级，进行相应的回应。为便于大家理解，下面示例各列举了正面、负面两种学员回答，但正面不用引导，尤其是基于上三层的认知，这些学员的学习热情会很高，内训师多给予肯定，并且有针对性地给予解决方法即可。而负面的回答需对应引导话术，大家可进行参考。

抛出一个观点："我们的服务已经比几年前好多了，客户的投诉反倒更多，我看客户就是被惯坏了。"看看学员都怎么回答？

从表 5-3 可以看出，学员对服务工作的认可度，问题更多处在下三层，只要给予学员更好的解决方法，他们就会认为这门课程非常有价值。

表5-3 学员的正面反馈

| 层级 | 学员可能的反馈（正面） |
| --- | --- |
| 精神 | 客户的事就是我的事 |
| 身份 | 我就是公司的门面，代表着公司的形象 |
| 信念/价值观 | 能够快速解决客户问题会很有成就感 |

(续表)

| 层级 | 学员可能的反馈（正面） |
|---|---|
| 能力 | 怎样才能快速安抚客户情绪 |
| 行为 | 当时忘了告诉客户注意事项了 |
| 环境 | 大厅的环境太嘈杂了 |

如表5-4所示，需要根据学员的反馈去区分其所处层级，用问题导向引导学员思考高一层的解决方案。但如果学员的问题处在上三层，那就很难通过培训来引导了，甚至说明这个员工的价值观导向与工作是相违背的，员工早晚都会进入"不换思想就换工作"的状态。

表5-4 学员的负面反馈

| 层级 | 学员可能的反馈（负面） | 对负面问题的引导 |
|---|---|---|
| 环境 | 都是这些刁钻的客户有问题 | 对于这些要求高的客户，我们可以做出哪些行为，以预防问题发生 |
| 行为 | 不能给客户好脸色，不然他们更多事 | 和客户硬碰硬，显然我们更弱势，那么还可以用哪些更聪明的方法来解决这个问题 |
| 能力 | 我哪会干这些事呀（相关服务技巧） | 当我们去消费时，我们希望别人怎么对待我们 |
| 信念/价值观 | 服务是件伺候人的事，会让我低人一等 | 这三层出现的问题，无法通过培训说教来解决，要通过更多体验性的学习设计，使学员有所触动，同时要注意在日常工作中多进行潜移默化的引导 |
| 身份 | 我就是高贵的公主/王子 | |
| 精神 | 我在家是说一不二的，都是别人让着我 | |

对于最深层的区分技巧，内训师不但要在培训中多多应用体会，更可以在生活中进行演练，相信会对你积极地影响自己与他人大有帮助。

> **思考**
>
> 以理解层次为基础，由上向下思考自己为什么要成为内训师，尝试找到自己人生的终极意义，并在未来努力践行。

## （四）建设性的回应，有效引导结论

回应作为对话的一部分而存在，往往考验内训师即时的语言表达与习惯。内训师如果平时脏话连篇，脏话就很容易在培训中脱口而出。比说脏话更严重的是"说者无心，听者有意"地打击学员，使其非但没有通过培训建立自信，反而觉得"做这件事太难了，我永远没有机会做好"，那么这样的培训就得不偿失了。在培训中，内训师一定要注意遣词造句及分寸，不要说错话还不自知，导致学员反感与反抗。

下面主要分享 5 种在培训中的回应场景应用。

### 1. 肯定式回应

正所谓"士为知己者死"，每个人的内心都希望得到他人的认可，自然我们也会对认可我们的人表达善意。所以内训师要在培训中养成肯定、夸奖学员的语言模式，可以从以下 3 个角度切入。

（1）认可个人："太棒了！""你的观察力真强。""这个想法太有创意了！"……

（2）认可事实："你说得对。""这件事是这样的。""没错。"……

（3）认可感受："我非常理解你。""当时心情一定不好吧？""真为你感到高兴！"……

肯定式回应会是培训中投入产出比最高的行为，你只是说了几句肯定学员的话，却使得学员对课程更加投入，多么划算。

## 2. 点评式回应

点评式回应多应用于学员参与演练后，内训师的点评反馈。在谈如何点评之前，我先分享一个个人观点，一场培训最重要的是让学员收获什么？我认为最重要的是保护学员愿意尝试的自信心，而不是吓跑他们。常见的吓跑学员的反馈如"好的我就不说了，说说出现的问题吧"，或者吹毛求疵，对学员的一点点毛病抓着不放，数落个没完没了。每个人的成长不都是日积月累而来的吗，怎么可能上一次你的课，所有毛病都没有了？

TTT课程往往演练比较多，我一般会在演练前先告诉学员："现在站在台上就能讲得很好的学员未必是这次课程中最有收获的，因为这种成熟的表现一定源于以往的积累，所以我对他们的要求是通过这次培训在授课细节上有所精进。而站在讲台上话都说不流利的学员却有可能是收获最大的，因为他们突破了自己的心理防线，让自己完成了从0到1的跨越。"这些鼓励带来的结果是，学员更放得开，更愿意积极参与到演练中，从而更有可能提升自己。

所以在点评式反馈中，要注意保护学员的自信心，应用"三明治"反馈法进行回应，步骤为——

（1）一片面包（夸奖）：先说明刚才练习中做得好的地方，关键要说细节，不要只是说"好、很好、非常好"。

（2）肉片夹层（问题点）：每次指出一两点关键性的问题即可，但要详细说明改进方法，看似在对某个学员进行点评，实则是对全班学员的再次强化。

在这层反馈中，内训师最为担心的是如果不把细节都反馈到，会不会导致学员在未来执行中出现操作问题。这要从两方面来看，第一，要看问题细节的重要性，如果不是关键点就可以忽略；第二，如果关键点非常多，也可以通过课程呈现评估表（见表1-8），引导学员完成自我评估或互评。

(3) 一片面包（鼓励）：给学员打打气，让其更有信心继续做下去。

### 3. 回答式回应

回答式回应，顾名思义是学员提问时内训师的回应，此处主要分享对自己会回答的问题，内训师如何回应，对于被学员问到不会回答的问题的情况，我们放在后面控场技巧部分再具体说明。

回答式回应包括3个步骤：

(1) 积极回应提问。回应不等于回答，是对学员积极提问表示的认可，可以说"这是一个好问题""这个问题非常有深度""这个问题太有创意了"……

(2) 面向所有学员回答。千万不要让课堂变成你和某位学员一对一的交谈，否则其他的学员会认为自己被忽视了。你可以说"这个问题非常好，我们所有人都要注意……"，把注意力从提问者身上转移到所有学员身上，也会减轻提问者的压力。

(3) 用简单具体的语言进行回答，同时要习惯把内容进行编码。比如"关于这个问题，关键在于3个要点，要点一……，要点二……"，一般控制在3~5个要点，或用"两个方面，一方面……，另一方面……"来进行表述。不要像撒珍珠一样，一把甩出去，不仅学员捡不回来，有些老师自己也不能完成重述。所以养成习惯，将表达的内容编码，把你的"珍珠"串起来再递给学员。

### 4. 扭转式回应

当学员拒绝时，内训师如果表现出强硬的态度，可能会进一步激起学员的反弹。要学会太极中的"四两拨千斤"，NLP中对应的技巧叫作"先跟后带"。

(1) 先跟（四两）：复述异议内容，表达我明白你的意思；再用同理心体会对方的感受，让对方感觉到你的理解。

(2) 后带（拨千斤）：建立双方一致性目标，技巧是找到此次培训与学员个体利益间的交集，引导对方点头认可你；最后进入关键阶段，阐明先前被学员质疑内容的理由，并引导学员共同参与到解决问题方法的研讨中，这样学员才会更认可解决方法，才会更愿意在未来的情景中执行这些方法。

具体操作步骤可参照表5-5。

表5-5 "先跟后带"方法示例

| 操作步骤 | | 示例话术 | 底层含义 |
| --- | --- | --- | --- |
| 先跟 | 说出他的异议（复述） | "你是说客户的挑剔都是我们惯出来的，对吧？" | 我明白你的意思 |
| | 说出他的感受（分享感受） | "的确，客户现在对服务的要求越来越高，甚至超出了我们的服务能力和范围。如果有什么方法能让他们都消失就好了。" | 我了解你的感受 |
| 后带 | 建立一致意见的基础（必答"是"） | "可惜没有。所以我们学习的目标不仅是提高投诉处理的能力，更重要的是在服务过程中学会如何更好地保护自己。" | 我们的目标相同 |
| | 阐明理由，共同找出解决办法 | "不要在投诉处理的过程中引火上身，那么我们来思考下，客户在哪些情况下容易迁怒于我们，而我们该如何应对？" | 我在乎你，关心你，凡事至少有三种解决办法 |

## 5. 积极式回应

坊间流传着曾国藩的一个故事：当年其与太平天国交战时总是吃败仗，但不管仗打得怎么样，都得上奏折向皇上汇报，于是他很实在地写上了"屡战屡败",奏折让其一个幕僚看到了,这位幕僚就帮他改成了"屡败屡战",皇上看到奏折实感曾公不易,不但没有因为败仗责罚于他,又给他拨了一些军款。不管这个故事是真是假,两个字顺序的调换,的确使句子的含义大有不同。

那怎样能让这些技巧应用于培训中,让内训师更易影响学员,从而达成目标呢?先来看一个例子:

- 你能做任何你想做的事情,如果你愿意付出足够多的努力。
- 如果你愿意付出足够多的努力,你能做任何你想做的事情。

同样的两句话,哪句带给你的冲击力更强?大多数人都选择了第一句。虽然两句话的内容一模一样,但第二句在影响力方面稍弱,因为"努力"的意愿被放到了显著位置。这更像是试图说服别人去"努力",而不是肯定"你能做任何你想做的事情"。不同词语置于显著位置,就会带来不同的话语体验。

换一个词语也能带来不同的感受,比如"今天放假,但是明天加班""今天放假,同时明天加班""今天放假,虽然明天加班"。哪个句子的体验最糟糕?应该是第一句。建议内训师在点评学员时不要使用"但是"一词,这个词转折性太强,会抵消前面内容积极的一面,让学员把关注力全放在后面的描述上。内训师要注意自己的语言模式,检验会不会出现潜在消极用词。

另外,内训师要能够对学员的消极用词予以积极引导。有些学员总是无意间用负面的语言表达他们要的结果,比如"我很紧张""我太笨了",这种表述很难产生积极的力量。其实即使是各种挫折,也可以认识为挑战、改变、成长、学习或机会。内训师要学会转化这些消极语言，将问题引导至渴望的结果上。比如：

- "我害怕失败"变为"我相信我能成功"。
- "利润下降"变成"提高利润"。
- "这个练习没做好"变成"练习是为了学习新东西，而不是为了证明你把已经知道的事情做得完美无缺。回想一下练习的过程，你学到了什么新东西"。

最后，内训师要教学员区分人与行为，即使一件事没做好，也不代表人是失败的。这种替代可以避免学员一概而论的否定，没做好不等于人没用。比如：

- "我不会制作PPT。"——化解："你是说到现在为止你还未学会PPT？"
- "是啊，没有办法。"——化解："你是指你知道的办法都没有效果？"
- "我学不会，我这人很笨。"——化解："你是指在刚开始学习时，还没有掌握相应的窍门？"

这实际上也是一种重新定义的方法，能帮助学员换种视角看待问题。比如客户来买东西，却表示"太贵"而没买，那么这个"太贵"指的具体是什么？是认为标价太高还是负担不起，或是希望物有所值？这时使用替代的词不一样，带给他人的感知就不同。

哲学家伯特兰·罗素曾开玩笑说"我很坚定，你很顽固，他冥顽不灵"，虽然表达的行为相近，但不同的语言导致的感知却差之千里。内训师需在今后的培训中，分出一点点注意力关注自己的语言模式，可以录制一段上课内容，下课后回放，逐步改进，使自己的语言模式更易激励人心。

## 二、引导执行五步骤的应用流程

引导技术的核心要素在于"挖沟"与"填沟"（见图5-7）。内训师就像一个河渠设计者，先要规划目的地与路径，再分步开挖，放水通渠，最终引导水流由A点流至B点。学员在有目的的导向框架（沟渠）中，自己完成探索与发现，最后由内训师在学员分享的基础上进行总结与拔高，从而使学员由感性认知上升到理性升华。整个引导分为5个步骤：抛出问题、加工处理、分享观点、总结升华及关联实际。以下介绍具体操作方法。

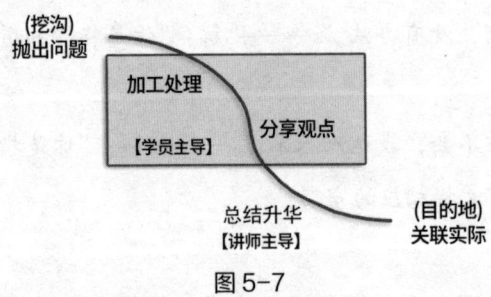

图5-7

### （一）抛出问题：有目的地"挖沟"

先给出一种能被观察的情境，表现形式可以是视频、故事、文字案例或任务，再设计下一步希望学员思考的方向，可以用3种方法。

一是反思：反思所观察到的情境，并从中领悟、创造，或强化认知。例：

> 通过这个案例，你得到了什么样的启发？

二是拓展：挑战此情境背后的假设，从不同角度来思考其他可能的处理方式。例：

> 假如客户采用了 B 方案，我们该怎么做？

三是深挖：抛出两难问题（挖沟），使学员站在不同的角度深度思考，达到"理越辩越明"的目的。例：

> 公司的利润与员工的收入，哪个最应该得到保障？

设置问题要注意：答案过于明显不行，否则会使学员没有思考的兴趣；太复杂了也不行，否则学员会产生畏难情绪；超出学员认知水平更不行，否则学员不知从何谈起；最好能产生争议，有争议才会有深思，才会带来更多的思想碰撞。

无论用什么情境素材做引子，问题的质量决定引导的品质，总之要激发学员思考。

## （二）加工处理：促使学员思考

此阶段是学员参与的阶段，让其由讨论引发思想碰撞。此阶段时间设置要充足但不冗长，在培训中一般 10 分钟左右为宜，最长不要超过

15分钟。内训师如果希望这个过程更刺激些，可以提前区分各小组讨论维度，比如正反方、优势 vs 劣势、价值 vs 风险等，使学员更加投入。

### （三）分享观点：了解学员想法

此阶段也是学员主导的阶段，由学员将加工处理的内容在课上进行汇报。内训师要做好整体时间把控：如果培训时间充足、讨论问题复杂或讨论维度较多，同时培训现场组数不多（6组以内），可安排每个小组都进行汇报，时间一般控制在5分钟/组，最多不要超过10分钟；如果培训时间比较紧张、问题讨论维度单一，或培训现场组数较多，可安排代表小组进行汇报，其他小组补充。

可以采用的形式包括口头分享、内训师记要点或小组制作汇报海报等，甚至可以将所有海报贴在培训教室中，让学员走动浏览，既活跃了现场气氛，也达到了相互分享的目的。学员在分享时，内训师需要不断地结合学员回答进行总结提炼，并关注其他学员的反应。最重要的是思考：如何在学员分享完后，逐步引导学员达成共识？

### （四）总结升华：完成"填沟"动作

最考验内训师功力的时刻出现了，前面都是"挖沟"的动作，现在学员已经走到"沟"边了，但各自的观点可能不一致，内训师此时要把学员的观点进行总结并升华。这时不要依赖自己的即时提炼能力，充分的准备是成功的保障。可以提前站在不同的角度总结出几个模板，再引导到结论上来，这个结论表面上看是学员和内训师一起达成的，实际上，内训师在备课时，就已经充分考虑到学员在研讨阶段会有什么问题，学员的观点、解决办法可能有哪些，这些预设会使内训师在总结时从容不迫、画龙点睛。

总结升华通常有三大技巧：要么说得更具深度，要么说得更具广度，要么说得更具趣味性。前面关于语言表达的技巧也可在此阶段应用进来，使总结更具醍醐灌顶之效。

这个阶段是整个引导的精华所在，是检验内训师水平的重要标志。没有理性升华的总结，前面的讨论、交流就成了浪费时间。做好此阶段的前提是，内训师要有丰富的实践经验，能了解学员现在的问题，对于研讨的问题进行过深入的思考，并形成自己的观点。否则放出去收不回来，就更麻烦了。

### （五）关联实际：提高转化效果

这一步是培训环节中效果转化的关键，因为思想上的升华最终是要带动行动上的变化，所谓关联就是解决从结论到应用层面的跨越，以避免"知道这么多道理，仍过不好自己的人生"。内训师此时要深入到学员的工作中去，把结论和学员工作的实际情况进行关联。可以与情景演练、角色扮演等互动技巧进行结合，具体根据课程内容而定。总之，学员来听课时是带着问题来的，离开时应该带着结论和工作的实际应用技巧离开，这样，其回到实际工作中，转化的可能性才能加大。当然，期望这步就能完全实现培训效果转化是不可能的，更多还要靠课后的设计与引导，在此不再赘述。

## 三、有效控场技巧，让意外成为进化机会

不少内训师之所以怕引导，更多是怕出现不可控现象，从而导致授

课压力剧增。前面我们已经提过引导的价值,接下来具体聊聊培训中有哪些常见的"失控"现场,以及应对技巧。但希望大家先建立一种意识:培训中出现突发事件未必是坏事。这就像生物学中提到的"遗传"与"变异",如果每次培训都与上一次一模一样,我们未必能有更好的成长,所以每上一次课就应该有一些变化与突破。成熟的内训师可以主动改一些案例、内容或授课形式,观察学员的反应,并将上次课程中感觉学员参与性不强、配合效果不好的部分进行替换。好课程是讲出来的,内训师应该在不断的优化过程中,将自己的课程打磨成精品。

授课过程中最常见的控场挑战包括学员迟到、玩手机、昏昏欲睡,内训师被学员问住,学员争执,设备故障,出现刺头学员等,本节介绍一些常见的处理方法,但并不是放之四海而皆准的技巧,因为情境不同,处理方式也要灵活应变,大家可以借鉴,当然更希望大家有所拓展。

### (一)学员迟到、玩手机

这样的问题属于培训纪律范畴,我的原则就是要么一上课就管,要么就不管。"话说到前面不丑",要保护学员的面子,提前把规则约定好,迟到怎样、手机要统一收了等,执行时就不会感觉谁被针对了。当然,企业内部培训相对来讲还好,尤其如果内训师的行政级别很高,此项问题就可以忽略了。

处罚形式可以变得更好玩些,比如:

选频道:如果违反了相应的纪律,可以选不同频道接受处罚,分别是文艺频道(唱歌或跳舞之类)、体育频道(俯卧撑或深蹲之类)、财经频道(建群发红包)等,学员自己选的相对来说不会太难接受。

自定处罚：每人发一张便签纸，写一个惩罚措施，比如一口气喝完一瓶水、对着窗外大喊三声"我错了，我再也不敢了"等，把这些措施收集回来，约定谁犯错谁就抽一张执行。

如何惩罚不是最重要的，让学员乐于接受惩罚，营造严肃、活泼、专注的学习气氛，才是更重要的。

### （二）学员昏昏欲睡

如果学员睡去一片，那一定是课程出问题了，赶快调整授课的内容及形式，或用激情游戏来补救。但课后一定要认真反思：是节奏没设计好？还是内容与学员需求不匹配？还是形式过于单一？从而对课程进一步优化。

如果只是一个人睡着了，随他去吧。我刚开始做内训时，真的难以接受有人在我课堂上睡觉，不管是走到他旁边拍醒他，还是安排两人一组的互动练习，让同学叫醒他，反正就是不能让他继续睡下去。可后来我的心态变了，我觉得学员坐在椅子上睡得那么不舒服也不肯离开教室，这是一种什么样的学习精神。学员难免前一天晚上有点什么事，再加上有些培训时间安排很紧张，也没午休，下午两三点上课，的确很考验学员的精神状态。有几次我在课堂上见过这种学员，没理他，让其自己调整一下，后来发现他醒了后对课程依然挺投入，对我来说这就够了。

### （三）内训师被学员问住

这一条是内训师最怕出现的。前面我们提过关于回答学员问题的技巧，那是针对会回答的。对于不会回答的问题，内训师千万不要忘了先回应问题，对其提问行为进行肯定，接下来应对的方法有：

### 1. 设立缓冲区

你可以先做思考状，再评论问题本身，以获得考虑时间，比如，"嗯……这个问题不好回答""这个问题非常敏锐""我得考虑一下"，或回复他"下课时（下节课）我们再具体交流可以吗"，给自己一个缓冲的时间。

### 2. 追问问题根源

你可以问问他为什么对这个问题感兴趣，不仅能利用这个时间进行思考，同时也能了解学员深层的想法，说不定会有意外惊喜——他的深层原因正好你能回答。

### 3. 试着抛皮球

这个方法已经不是什么新方法了，但真正用过这个方法的内训师并不多。

我在2004年第一次使用这个技巧时，印象颇深。当时我还是个经验尚浅的讲师，公司安排我们学习后转训三门关于客户经理的课程，然后进行全省轮训。我之前从没做过客户经理的工作，连菜鸟都称不上，而去各个地市轮训时，地市公司安排的学员都是最优秀的客户经理。记得讲到"客情关系管理"的课程时，有位学员举手提问，我当时感觉大脑一蒙，甚至连他的问题都没听懂。好在我有点技巧，我说："这个问题特别好，我们在坐的各位有遇到过类似情况的吗？"那天真是走运，一位学员站起来替我解了围，讲了一个他的实际案例，正好解答了前一位学员的疑惑，课程得以顺利进行。下课时我发现自己后背的衬衣都湿了，吓死我了。那次事情也让我思考了很多，当时为什么我怕学员问我？说白了还是因为我对内容不熟，所以，请记住，内容为王。

**4. 利用群众的力量**

可以引导大家进行讨论。不过前提是这些学员对主题是有一些基础的，如果都是"小白"学员，可能并不能讨论出有价值的结果，另外，经过讨论，他们还会更关注答案，而你又不能快速给予答案，就会给他们带来不好的感觉。倒不如开诚布公地告诉他们"我不知道，我得去请教后再告诉大家"，或者建个群后续将答案分享出来。诚实的表现会为你赢得尊重及提问者的配合。

## （四）学员争执

绝大多数学员不会明目张胆地在课堂上争论与学习无关的内容，有争执往往也跟内训师挖的"沟"相关，所以这时的争执很考验内训师的反应。第一，不要当"很傻很天真"的老师："你俩说得都不对，还吵什么吵。"好，一下得罪俩。第二，不要当"较傻较天真"的老师："你说得不对，他说得对。"得罪一个。

学员对课程内容十分投入，甚至发生争执，本是一件好事，只是内训师不能任由他们无休止吵下去，这样太耽误时间了。所以内训师要出手进行引导，一般的流程是：

先表扬他们对课程内容投入的表现："你们不仅思考得够深入，观点也非常犀利、独到。"

再告之因时间原因，不要再争论了，各自把观点亮明一下："因为我们时间有限,所以不能再讨论下去了,二位把各自的观点再总结一下吧。"

最后运用区分能力进行点评:"其实二位的观点并不是本质上的冲突,大家的核心还是认同××的,只是 A 是站在××角度进行分析,而 B 是站在××角度进行分析的。如果我们一起站在核心角度上来思考……"通过你的语言,引导大家关注新的思维方向,达到求同存异的目的。

## (五)设备故障

这应该是培训中比较常见的问题,电脑、投影仪出毛病,停电等都属此类问题。对于这类问题,内训师可以注意两方面。

第一,养成好习惯,用 U 盘或云盘备份课件,如果电脑坏了,换一台就能继续。

第二,挑战自己,不用 PPT 可以吗?要知道 PPT 在培训中是作为"辅助视觉工具存在的",太过于依赖 PPT,也意味着你对内容还有不熟的地方。

> 我刚做商业讲师时,有一个 3 天的课程,刚上了半天,电脑就因为没电开不了机,一检查,发现充电器坏了。那个培训地点是买不到匹配的充电器的,我又没有备份课件,只能硬着头皮把白板搬过来,一边写一边讲完了后面两天半的课。我发现非常过瘾,没有 PPT 的束缚,发挥更加自由,和学员的互动交流更紧密。那次事件之后,我讲课越来越不喜欢用 PPT 了,经常会讲着讲着就把 PPT 关了,在白板上画着讲,这大概就成了我的一次进化事件吧。

## （六）出现刺头学员

培训中出现刺头学员有两个原因：一是内训师的心态问题，在第四章已有介绍；二就是刺头真的来了。

先想想刺头是不是人人都有资格当？不一定吧，一个人如果对培训主题一点也不了解，想刺头都刺不起来。刺头的第一个表现是对主题比较懂，甚至懂得不比你少；二是相对比较外向，喜欢表现，内向的专家往往只抱着臂，冷眼看着你的表演。当你了解了刺头的特征，你愿意化敌为友还是两败俱伤？相信聪明的你一定会做出理智的选择。

如何化敌为友呢？成为他的知己，给他表现的机会，比如"××在这方面也特别有经验，我们掌声有请他给我们分享经验"。分享结束后千万别忘了再鼓励一下他："特别感谢××的分享，给我们带来了更多的思路和启发，再次掌声送给他。"在练习环节也可以给他一些新角色，比如让他当小组的辅导老师，配合你一起进行评估与反馈。其实在这种情况下，最大的受益者是你，因为你有机会和高手过招，从高手身上学习更多的技巧，从而实现教学相长。同时，这位学员也会因你的尊重和认同，而更支持此次授课，你的化敌为友达到了一举多得的效果。

除了以上控场挑战以外，还有一些内训师担心的问题，比如：

（1）学员生病怎么办？

这和正常工作中的处理方法一致，没有什么特别的，只要不是因为你的设计不当导致的安全事故就可以了。

（2）冷场、学员早退怎么办？

关于冷场问题前面已经说过了，而早退问题又往往一言难尽，与课程匹配度、授课质量、考勤管理、企业学习文化，甚至培训地点安排都有相关性，需要具体分析才能更有效地加以控制。

(3) 培训中忘词、授课的连贯性不好怎么办？

出现这类问题，归根结底是备课有问题，所以它不属于现场突发状况。还是那句话，充分备课才能让内训师更自信从容地驾驭课堂。

不过，即使你准备得再充分，依然会有许多预想不到的突发事件在等待着你。比如我之前听说一位男老师在即将上台讲课之际，一个深呼吸导致皮带扣断了。这种突发情况谁能料想到？但只要经历过，哪怕这次处理得并不好，下次再发生时，你一定会比上次更有经验、更从容不迫。经历得越多，内心越淡定，最后的结果就是："咱什么大风大浪没见过，随便上，都可以！"这样你就真正成为一名成熟的内训师了。

## 总结

本章从教育心理学三大主义分析进行切入，强调引导技术的价值，并详细介绍了引导技术的四个核心应用——提问、倾听、区分与回应，及其如何进行操作；组合应用引导技术的五步骤——抛出问题、加工处理、分享观点、总结升华与关联实际。后者实际就是五星教学法的拆解应用，先聚焦问题，让学员加工处理、分享观点，完成旧知激活，然后内训师总结升华来论证新知，最后用关联实际去验证新知，达到融会贯通。整个过程是在既定的目标框架中进行学习路径规划，完成"挖沟—引流—填沟"的过程，使学员在内训师的引导设计下完成自我同化与顺应。同时，引导意味着现场学员有更多参与的机会，意味着内训师能提高课堂驾控能力，减少课程风险。建议内训师在培训中对突发事件应抱持一种期待，把每一次事件都看成自己的进化机会，把握住这些大大小小的机会，相信不久的将来，你会见到一个更自信、成熟的自己。

成长小故事

## 最难忘的一次授课

培训现场的情况总是千变万化，培训师面临的挑战永远无法一一细数。除了过硬的专业实力和底气，培训师最不可或缺的，还有现场的场控和应变能力。我每次上课讲到课程突发事件时，学员总会绞尽脑汁地想出各种可能出现的状况，但大多能提到的都比较常态。这次，我把自己压箱底的一次授课经历拿出来分享给大家。

2008年5月12日，汶川大地震当天，坐标郑州某酒店，我那天在给公司员工上课。正当一位学员在讲台上汇报小组讨论内容，我突然感觉头一晕，还没来得及感慨是不是自己身体出了问题，下面的学员就炸锅了。他们纷纷拿出手机开始查询情况，很快就查明了原因——是地震了。大家情绪激动了一会儿，见现场没再出现晃动的情况，心情都慢慢平复了下来。这时，我做了一个决定，告诉全班学员："要不这样，剩下的课我讲快点。要是再地震咱们就提前结束，要是不地震我们就讲完再结束。"学员们都很配合，于是我加快了进度，最终提前半个小时结束了课程。等出了酒店会议室才知道，连酒店的服务员都跑出去了，整栋楼只有我们班的学员是上完课才出来的。

这件事发生后，我还一直傻傻地引以为傲，特别自豪于我们班学员的学习精神。直到后来参加了一个国际版的培训师训练课程，授课的是一位外教，她的第一句话不是介绍自己，而是介绍酒店的逃生通道和洗手间位置。那天她的脖子上系着一条特别白的围巾，开始我并没有特别注意，后来她解释道，一旦出现特殊情况，比如停电、着火，需要学员逃离，她会将这条围巾取下来在前面挥舞，指引大家离开。此刻我才猛然意识到，作为一名合格的老师，应将安全责任放在首位，任何一点侥幸的心理都有可能带来严重的后果！经历过这次警示，我相信我一定不会再出现类似的情况了。

如果我们能把每一次的失败经验化解为下一次进步的机会，我们就一定能越来越从容应变，掌控全局！

# 参考书目

[1] 罗伊·波洛克，安德鲁·杰斐逊，卡尔霍恩·威克.将培训转化为商业结果[M].学习项目与版权课程研究院，译.北京：电子工业出版社，2017.

[2] 基恩·泽拉兹尼.用演示说话[M].马振晗，马洪德，译.北京：清华大学出版社，2008.

[3] 殷亚敏.21天掌握当众讲话诀窍：金话筒的四字秘方[M].北京：机械工业出版社，2010.

[4] R.布莱恩·斯坦菲尔德.学问：100种提问力创造200倍企业力[M].钟琮贸，译.北京：电子工业出版社，2016.